全国原理運動被害者父母の会◉編著

統一協会（家庭連合）信者の救出

マインドコントロールの実態と救出

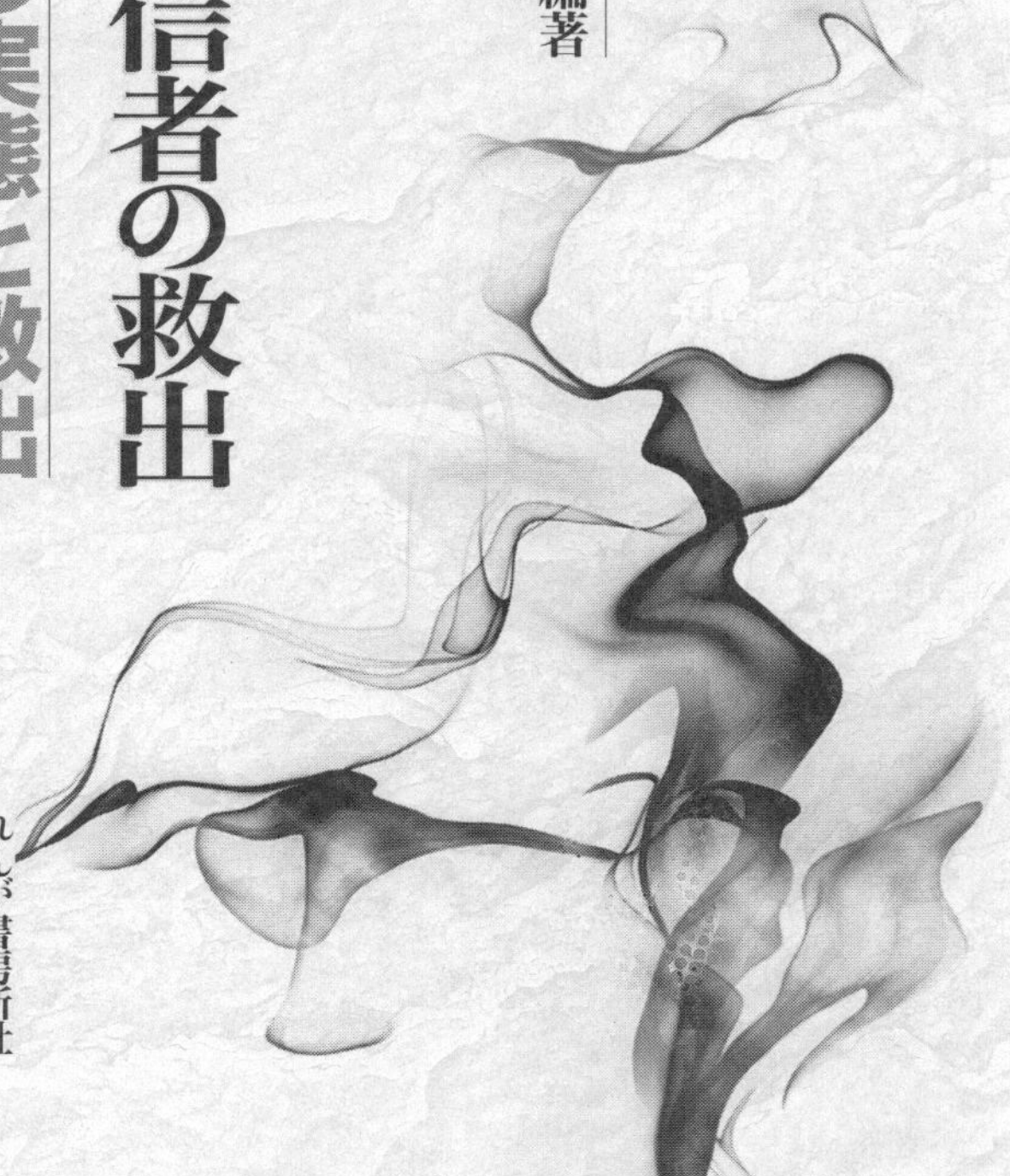

れんが書房新社

家族のきずなを取り戻すために

――すいせんの辞にかえて

弁護士・全国霊感商法対策弁護士連絡会事務局長　山口　広

あなたの子や妻が統一協会の信者になってしまったら、あなたも統一協会の信者にならない限り、家族の亀裂はどうしようもなく深まります。統一協会を受け入れないあなたと信者になった子や妻とが、心を開いて苦楽をともにすることはありえないのです。

なぜでしょう。

第一に、統一協会の教義自体が、信者でない家族との対立をもたらす内容なのです。統一協会を受け入れない一般社会をサタン側と決めつける善悪二元論。霊界の恐怖、先祖の因縁による不幸を教えこんで、今は反対している家族も霊界に行ったら涙を流して感謝すると思い込ませています。

第二に、統一協会の組織活動は信者とそうでない家族を離反させるようにつくり上げられています。入信当初から家族に統一協会とのかかわりをかくすよう指導します。信者は常に幹部信者に報告、連絡、相談（ホーレンソウといいます）して自分の判断で行動してはならないと教え込まれ、統一協会の指示通りに考え、行動するよう習慣づけられています。

金集めと信者勧誘のノルマを常に与えられて、「実績のない自由はない」とあおられつづけています。

そんな信者になったあなたの子や妻を見て、あなたは愕然とし、怒り、悲しみ、絶望的になるでしょう。思いやりがあって素直だった以前の姿と全くの別人になってしまった現実にとまどうでしょう。今あなたは統一協会のために家庭を崩壊させてしまうのか、その危機をきっかけとして、家庭のあたたかさを取り戻すか、重大な岐路にあることを認識すべきです。

その取り組みは数年、いや十年以上かかるかもしれません。しかし、確信をもってこれだけは言えます。信者になったあなたの子や妻は、本当はやさしくて思いやりがあって、向上心があるかけがえのないよい人のはずで、何年かけても取り戻すべき人です。決してあきらめずに、家族のきずなを取り戻すために努力してください。

家族のきずなを取り戻す方法は決して一般化できるものではありません。ですから私は「信者の救出」のためのマニュアル的な書類は有害だと思っています。この本を全てのノウハウを書いたものだと思わないで下さい。それぞれの家族がその個性に応じて自分で考えるべきだと思います。本書のテーマは、信者が統一協会の信仰について自分の頭で考える気になるように仕向けるためにどうするかということです。そのためのエッセンスが様々な角度で書かれているので、あなたの家族環境に即して具体的にどうするかを実行して下さい。

その際、約束していただきたいことが少なくとも二つあります。

第一に、信者の人格を無視して、有形力を行使して無理やり脱会をさせるようなことはしないで下さい。

第二に、「統一協会のような悪いところに何でいるんだ」などと、信者であるあなたの子や妻の心情を踏みにじるような言動はつつしんで下さい。正が邪をただすというが如き単純なことではないことを認識して下さい。

本書にふれたことがきっかけとなって、家族のきずなを取り戻すことができるよう願っています。


（二〇〇七年七月記）

再販にあたって

二〇一五年八月二六日、世界基督教統一神霊協会（略称・統一協会）は、名称を世界平和統一家庭連合（略称・家庭連合）に改称した。何と、唐突に文化庁が認証をしてしまったのである。統一協会の政治家への働きかけが奏功したと思われる。

文化庁は、統一教会に対して当面は「旧統一協会」と明示するよう指導したようだが、そんな指導は無視されている。例えば統一協会の関連施設などでは、世界平和統一家庭連合とだけ表示したり、ひどい例では宗教団体の勧誘であることさえ隠している。これでは正体に気付かないまま関りを持って被害を被る消費者が増えるのは明らかである。

統一協会が名称変更した目的は明白である。その悪名が広く知られているため、多くの消費者が統一協会と聞いただけで接近を拒否するので、知られていない家庭連合の名称で深入りさせて入会や物品購入、献金の勧誘を狙っているのである。

この度、当会が「統一協会信者の救出」を再販するに当たって、先に述べた改称に伴い、表題を「統一協会（家庭連合）信者の救出」としました。尚、文章中における名称は従来通り「統一協会」としました。

統一協会(家庭連合)信者の救出＊目次

家族のきずなを取り戻すために……………山口　広　1

＊

はじめに……………笹森壮一郎　19
統一協会の実態と急増するカルト教団の本質…カウンセラー　22
本書の概要……………笹森壮一郎　25
私が体験した〝救出の現場〟……………カウンセラー　27

第一章　統一協会の素顔……………31

1　統一協会の概要　31
2　統一協会の教典　34
3　いろいろな名前で近づいてくる　35
4　信者が集めたお金の使い道は？　37
5　著名人を利用する　38
6　「合同結婚式」とは　40

7　こういう症状が見えたら要注意!!　44
8　マインドコントロールされていく一連の流れ　47

第二章　もしあなたの家族の誰かが入ってしまったら…　50

1　緊急にすべきこと　50
2　相談　51
3　家族は事の重大さを認識する　52
4　信仰の深さの見極めと救出の取り組み方　53
5　救出のための必要条件と事前準備　56
6　補足　60

第三章　統一協会の教理と本質………………カウンセラー　62

1　統一協会の教典とは　62

2 『原理講論』の教えとその狙い　64

(1)「総序」　65
(2)「創造原理」　65
(3)「堕落論」　66
(4)神（統一協会）に都合の良いように作られた論理　68
(5)「人類歴史の終末論」　71
(6)メシアの降臨とその再臨の目的　71
(7)「復活論」　73
(8)「予定論」　74
(9)「キリスト論」　75
(10)「復帰基台摂理時代」　75
(11)「摂理歴史の各時代とその年数の形成」　77
(12)「数字の神が信者をコントロールしている」　80
(13)「摂理的同時性から見た復帰摂理時代と復帰摂理延長時代」　83
(14)「メシア再降臨準備時代」　84
(15)「再臨論」　84
(16)修練会後の受講生の思考　85
(17)図1　善悪二元論　86

(18)図２　善悪二元論　87
(19)図３　人類の堕落と地上天国への道程　88
(20)修練会の狙い　89
(21)信じることの原点　広瀬鉄平（仮名）　90

第四章　統一協会の修練会での狙い

第四章　統一協会の修練会での狙い……………………カウンセラー　92
1　神を利用する手法　92
2　ウソを正当化する手法　95
3　騙しを正当化する手法　97
4　教祖の御言葉も悪を正当化　98
5　インチキ募金を正当化する手法　101
6　神に尽すことは犯罪を積み重ねること　102
7　霊界の活用　102
8　アベル・カインの教え　103

9　アブラハムの「イサク献祭」は信仰者の手本　104
10　非常識を常識に転換させる手法　105
11　「摂理進展のために万物復帰は必要不可欠」　107
12　「エバ国家日本」の役割　108
13　殺人を正当化する手法　110
14　まとめ　112
15　私の犯罪歴　中山啓子（仮名）　113
16　統一協会の教義とその実態　117
17　救出を目指す親への提言　118
18　「愛と勇気」を訴えて夫を変えた母親の事例　119
第五章　『原理講論』以外の様々な教えと実践……カウンセラー　122
(1)「主の路程」の教え　122
(2)「心情復帰」の教えとその実践　123

(3)神の悲しみを体得させる　124
(4)霊界の存在を実感させて縛りつける　125
(5)日常生活の中で罪意識（罪観）を持続させていく手法　126
(6)文鮮明を中心として摂理は進む　126
(7)ホーム生活での兄弟姉妹の友情　127
(8)「聖歌」を歌わせて士気を高める　128
(9)落ち込んだ信者を再生させる手法　128
(10)知らずに行くと…やがてキミも人をだます加害者に!!　130

第六章　説得（勉強）の内容……………………カウンセラー　131

(1)説得を始めるにあたっての必要条件　131
(2)説得者に求められること　132
(3)信者に対する説得（勉強）内容　133
(4)「主の路程」は創作であることを示す　134
(5)統一協会の神は〝悪魔〟であると自覚させる　136
(6)摂理進展の虚構を発く　137
(7)でたらめ霊界論を発き、呪縛から解放する　139

(8)清平修練院でのオカルト劇の暴露とその教えの矛盾　140
(9)「霊界通信」を使った霊界呪縛からの解放　143
(10)『原理講論』のルーツを明らかにする　144
(11)「真の父母」は偽りであると示す　146
(12)文鮮明の女性経歴を検証し、色魔であることを実証する　146
(13)協会上層部の実態を暴露する　147
(14)献金使途を暴露する　149
(15)平和主義者の仮面を剥ぐ　150
(16)現実的説得論に関する所見　カウンセラー　150
(17)信者の思考・思いを分析する　152
(18)文鮮明が真理として教えていることは、全てが偽り　155
(19)信者の教典・『講論』に対する捉え方の〝変化〟と説得論　158
(20)文鮮明の誤りイコール信仰の誤り⁉　161

第七章　救出のための家族の取り組み……………カウンセラー　164

1　納得して勉強することの重要性　164

2 家族は信者の心を開かせるカウンセラー 166
3 救出難航の原因と真の解決 168
4 救出の場で、親子問題・家庭問題を解決するための準備 170
5 統一原理の教え（真の家庭と偽りの家庭） 171
6 「堕落論」の教えによる実感度合と話し合い開始時の心理状態 173
7 親に対する恨みを大いに助長させている協会の教えと演出 175
8 協会の「対策」を知って対処法を身につける 177
9 難航した事例に学び、救出の糧へ 180
10 説得姿勢（対応）と家族に望むこと 187
11 まとめ 189

第八章 脱会後のカウンセリング、リハビリテーション……カウンセラー 191

(1)全ての教義が粉砕されていることが前提条件 191

(2)全ての教義を粉砕する説得を行う　192
(3)完全に目覚めているかの確認　193
(4)教義の誤りを悟ることと失望感は表裏一体　193
(5)脱会者の手助けを得る　195
(6)マインドコントロールされていたことを自覚させる　195
(7)統一協会の存在は社会悪の一つであると認識させる　196
(8)手記を書かせる　196
(9)何度も襲ってくる落ち込み現象とその解決策　197
(10)家に帰ってからの家族の対応　199
(11)カウンセリング、リハビリテーション以前の救出の原点　201

第九章　救出経験者及び元信者の証言・手記……205

1　救出セミナー会場にて　大橋三恵子（仮名）　205
2　妹を救出した兄から　杉本和也（仮名）　209
3　元女性信者の証言　杉本美津子（仮名）　216
4　元女性信者の証言　中山啓子（仮名）　219

5　統一協会を脱会するにあたって　山内悟（仮名）　231
6　統一協会と現代社会及び現在の私　山内悟（仮名）　257
7　脱会　川口厚子（仮名）　279

終章　当会の救出論……292

1　当会の救出論　笹森壮一郎　292
2　信者を救出するまで　294
3　説得者としての所感　カウンセラー　297
4　あとがき　笹森壮一郎　297

付
1　相談窓口　300
2　参考文献　303

統一協会（家庭連合）信者の救出

――マインドコントロールの実態と救出

はじめに

全国原理運動被害者父母の会代表　笹森　壮一郎

統一協会、及びその教義である原理運動の被害が認識されるようになって三十年余、当会では信者の救出活動に携わってきました。前会長の本間てる子氏が三十年間闘い続けた後を受けて、現在も活動をしています。

突然に統一協会の信者になった自分の家族に対し、どうしたら信者を救出できるのかは、日本キリスト教団を中心とした救出に関する数々の出版物にも記されていますが、近年は救出手法に対する統一協会側の対策が充分に行き渡り、だんだんと救出困難な状態になりつつあります。今までに各救出団体が救出した信者数は相当な人数になりますが、現在の信者数は減るどころか増加する傾向にあり、霊感商法等による協会の事業収益も「順調」な様子です。このまま手をこまねいていたら、統一協会の思う壺の日本になり、取り返しのつかない社会現象が出現してしまうのではないかと危惧します。

せめて家族の一員を失ったご家庭は、心を一つにし、一致団結して救出に立ち向かう必要があります。失ったご家族を放置するご家庭は、犯罪組織の共犯者と見られても仕方がないでしょう。しかしよく考えて下さい。本当にこの悩みから救出（解放）されたいのは信者のご家庭ではないですか。失った家族の一人を思い、非常に苦しく寂しい毎日を過ごされておられるご家庭を、元の活気溢れる家庭に戻すには一刻の猶予もないのです。統一協会に家族を奪われたご家庭には、盆もクリスマスも正月もないでしょう。それは私ども自身の体験なのです。

幸い、当会は素晴らしいカウンセラーに恵まれ、一〇〇％近い救出成功率で多くの奪還を成し遂げて参りました。救出を終えたご家庭は、皆さんが笑顔を取り戻し、明るいご家庭を復元されています。私どもは、現在の自分たちの幸せを多くの未救出のご家庭に伝えたいのです。

本書は救出のための手引書です。救出を目指すご家庭が、何から始め、どんな手順を踏んで救出活動に入るのかを、当会の救出論に基づいて記述したもので、それは、本書を熟読されればこの一冊に網羅されています。以下の項目を本書の中より読み取って下さい。

1　統一協会とはどんなところなのか。
2　何故、家族への相談もなく原理へと走ってしまったのか。
3　信者本人は何を信じ、どんな状態で信仰生活を送っているのか。
4　何のために救出するのか。
5　誰が救出するのか。

救出に立ち向かうご家庭は、右記の根本的な問題をクリアーしていただかねばなりません。マインドコントロールによって統一協会に心を奪われている信者には、今までの家族観はほとんど通じないのです。自分の息子や娘ではない人格を持ち合わせています。信者と対応できる家族の「愛を基調とした団結力」を身につけることが、救出の条件として要求されます。救出に向かうご家族は、〝愛と力〟のオーラがご家族全員から放出されるように変身していかなければなりません。それは決して難しいことではありません。私どもは、皆それらを乗り越えてわが子を救出したのです。

家族が本物の愛をもって、本気になれば大丈夫です。本物の愛とは、語る言葉に愛情が滲み出ています。そして筋が通っている言葉です。時には愛をもって叱り、なだめることです。そしてそれは無償の愛であり、犠牲をいとわないものです。それは全て相手（信者）を思いやる愛から出る言動であり、命さえもいとわないものです。

本書を熟読されれば、きっと自信がわいてきます。きっと希望に充ち溢れます。加えて本書には、救出経験者の手記、元信者の証言も併記されています。きっとご参考になりましょう。これらの経験談からは、救出行為が決して安易なものではないことをも感じて頂きたいのです。

信仰に命をかけている信者に、今までの世間体を考えた意見など何の意味もないことが窺われます。必要なのは血を分けあった家族の〝本物の愛〟なのです。この愛以外、信者の心を開かせる武器はないのです。マインドコントロールされた信者に相対し得るものは本物の愛だけです。

本書の真髄と私どもの救出の体験を元にした指導を真に実感することによって、救出は自分自身の闘いでもあることを自覚し、統一協会の奴隷となっている家族の一員を救出する闘いが、敢然と開始されんことを切に祈ります。

統一協会の実態と急増するカルト教団の本質

カウンセラー

今、この日本に世にも恐るべき組織が存在している。それは韓国生まれの破壊的カルト集団で、その名を世界基督教統一神霊協会（略称統一協会）という。この組織が多くの国民に知れ渡ったのは、一九九二年の合同結婚式に元新体操選手の山崎浩子さん、女優の桜田淳子さん、元バトミントン選手の徳田敦子さんの三人が参加するという報道からである（その後山崎浩子さんは脱会）。またその直後から、この組織の悪事の実態、特に霊感商法の手口と被害状況がテレビなどを通じて詳しく報道されることとなった。

この組織は真面目な人々をたくみに誘い込み、悪魔の書（『原理講論』）を用いて、善と悪の判断基準を転換させ、犯罪行為に加担させ、善良な人々から膨大なお金を騙し取っている。キリスト教を名乗っているが本来のキリスト教の教えとは無縁であり、キリスト教の名を利用しているにすぎない。統一協会の悪事は三十年程前から新聞や雑誌を通じて様々に報道されているし、全国霊感商法対策弁護士連絡会で把握している統一協会による被害相談額は、これまでに九六三億円を超えているのに、政府も警察も厳しい取締りをしようとはしない。過去最大の詐欺事件が放置されたままなのである。全くもって不思議な国である。

この組織の信者は厳しい労働条件で酷使されており、重い病気になって親許へ帰される者、寝不足で車を運転して事故を起こし死傷する者と、悲惨な出来事が後を絶たない。海外に行かされて、事件に巻き込まれて死亡する例もある。信者は統一協会にマインドコントロール[*1]され、犯罪を含めた様々な命令に従い、日々の苦しい生活に耐えながら、全てのことは人類の救済と自分が幸せになる道のりであると信じ込まされて、率先して行っている。ここにこの組織の恐しさがある（なぜそのようになってしまうのかは、本書に詳しく記述されている）。

この組織に我が子を奪われた多くの親は、脱会させようとして懸命に説得を試みるが、それが通じることはほとんどない。それどころか親をののしったり、敵意むき出しの態度を取る信者もいる。この変りはてた我が子の姿を目のあたりにして、親はただただ困惑するばかりである。このような悲しい光景が今日もまた日本のどこかで繰りひろげられている。

自分たちの力で我が子をこの組織から奪還することは難しいと悟った親は、そこで諦めてしまうケースもあるが、諦めきれない親は、更に救出の道を模索している。その内に書店などで統一協会批判の文献を見つけて購読し、更に救済団体へと辿り着く。それによって救出カウンセラーの存在を知ることとなり、我が子の救出の希望も見えてくる。しかし近年、協会幹部は救出カウンセリングの手法を掌握して、それへの対策を見いだし、信者に強力な免疫を施して、離教することを阻んでいる。救出を目指す家族はもとより、救出カウンセラーにとっても苦難の時代である（協会が信者に施している〝対策〟については第七章の8に記述されている）。

当会ではこういう状況下、救出の経験を持つ家族と元信者、そして救出カウンセラーが結集して、協会の対策を打ち破るべく、愛と勇気と知恵を基調とした救出論を編み出し、未救出の家族にそれを伝授し、体得した家族はそれを実践して、多くの成功へと繋げている。

本書の第九章には、救出された側と救出した側の生の声が多数収められている。それは協会の偽りの愛が家族の本物の愛の前に破れ去る瞬間でもある。

近年、外国製のカルト教団が数多く日本に上陸し、国産のカルト教団も次々と生まれて、悲惨な事件が後を絶たない。いつ身近の人がそれらの組織に誘い込まれるか知れない。本書は統一協会の信者の救出を扱っているが、他のカルト教団との共通点や類似点を数多く見いだすことができる。著名な心理学者の中には、カルト教団の本質は皆同じであると言い切る人もいる。そして、カルト教団から信者を救出するための重要な鍵は家族の〝本物の愛〟であるという。

多くの方に本書を読んでいただき、統一協会とは何か、カルト教団の本質は何かを知ってもらい、カルトの被害から家族、友人を守るために役立てていただきたいと念願する。

＊1　**統一協会が使っているマインドコントロール**——マインドコントロールは、文字通り「心を操作すること」だが、心理学者であるスティーヴン・ハッサン氏は、マインドコントロールとは、簡単に定義すれば、行動、思想、感情、情報の操作である、と述べている。更に統一協会が使っているマインドコントロールの特徴は、「社会的影響を与えるプロセスを体系的かつ破壊的に用いることで、個人または個人のグループを、影響力を行使する側に依存させ、服従させようとすることである。その技法には、睡眠妨害、プライバシー妨害、食餌操作催眠、各種行動修正技法、思考停止技法、恐怖症の植え込み、情報操作などがあり、これらによってマインドコントロールは信者が独自で批判的に思考するために必要な一切を廃絶することである」と述べている。

また統一協会を「破壊的カルト」と定義するのは、「非倫理的なマインドコントロールのテクニックを悪用して、そのメンバーの権利と自由を侵害し、傷つけるグループ」だからである。

本書ではマインドコントロールという言葉が頻繁に使われるが、その解釈は前述したスティーブン・ハッサン氏の「統一協会が使っているマインドコントロール」の定義づけと同じである。

本書の概要

笹森　壮一郎

今、本書を手にされている方は、家族の一員を統一協会に奪われて、悩みの日々を送っておられると推測致します。本書は、救出を願っている家族に、何をどうしたら救出することができるのか、を具体的に示しています。第一章から順を追って読んでいかれると、統一協会の本質、協会が信者に施しているマインドコントロールの手法がお分りいただけます。

その結果、信者はどのような思考心理にさせられ、日々、何を行わされているのかも分ります。そして、救出の取り組みに関する重要な点を示し、救出後のカンセリング、リハビリテーションについても述べています。本書の表題である「統一協会信者の救出」に関することが、網羅されています。

本書は、複数の執筆者による共著ですが、救出の核心点については、二十五年の経験を持つカウンセラーが、救出の現場から得た教訓と、多くの脱会者の告白を基に述べています。また第九章の、脱会者と家族の手記には大切なことが述べられています。

初めてこのような文献を読まれる方にとっては、統一協会の特殊な用語も出てきて難しい部分もあるかと思います。特に第三章の「統一協会の教理と本質」と第四章の「統一協会の修練会の狙い」については、教義を要約して解説を加えましたが、それでも難解と映るかも知れません。

これらのことをあえて掲載したのは、マインドコントロールの基礎になっていることと、真面目な人を犯罪者に変えてしまうメカニズムを知ってほしいからです。それは信者の思考と心理状態を知ることに繋がります。

その他の章は比較的理解しやすいと思います。ぜひ本書を熟読して、統一協会の本質と、信者は何を信じ求めているのか、そして救出とは何をどうなすべきかを習得していただきたい。

当会を通じて救出を成し遂げたご家族は全国各地に多数おられ、未救出のご家族に対する指導、協力を決して惜しまない、心意気のある方が沢山おられます。それは、救出を体験した者にしか分り得ない悩み、苦しみを知っておられるからです。そういう方々の支えによって当会は成り立っています。

ついつい受け入れ態勢まで述べてしまいましたが、まずは本書を読まれて、救出の基礎知識を身につけていただくことを望みます。

私が体験した〝救出の現場〟

カウンセラー

本書を初めて読まれる方へ、まず私の体験の「一つ」をお話しして、信者の救出は決して簡単ではないということを認識していただいてから、本題に入って行きたいと思います。よく、子供が統一協会に入信していることを知った両親が初めに発想することは、「子供は騙されて信じ込まされているのだから、家族もしくは専門家が誤りを示すことで、間違いに気づいて脱会してくれる」と思うことです。それは、全く間違った発想というわけではないのですが、浅い会員ならともかく、一定のレベルに達してしまった信者を救うというのは、そんなに簡単なことではないのです（「救出の取り組み」については、本書の第二章及び第七章をお読み下さい）。そんな単純な発想から実際にその行動に走ってしまった、ある家族の事例を紹介したいと思います。

その家族は、入信している息子が帰省した際に、皆で説得に臨み、統一協会は犯罪行為を行っていて世間から批判されている、おまえがそういう組織にいるのは恥かしい、直ぐに脱会をせよ、と迫ったのです。しかし彼は何ら動じませんでした（家族は、信者が統一協会のマインドコントロールによって既に善悪の判断基準を転換されているのを分らなかったのです）。困った父親は、人を通じて私の所へ説得の依頼をして来ました。私が今までのいきさつを聞くと、息子は半年前に突然会社を辞めてしまい、驚いた家族が問い詰めたら、統一協会に献身（専門員を）していると告白した、その後家族は統一協会の批判文献を一冊購読して今回の説得に臨んだ、というのです。入信前の息子は優しくて真面目であり、親子関係も良好だったとのこと。

私はこの限られた情報と無謀ともいえる取り組みの中に入っていくことに不安を覚えたのですが、断わることもできず、その家へ出向きました。入るなり、信者は私に向って「サタン（悪魔）が来たな！」と口走りました。続いて「おまえが親を騙してこのようにしたのだろう！」と叫んだのです。私も多少こうなることを予測して来たのですが、あまりの罵声に驚きました。家族はその息子の言動を注意もせず、無言のままでした。「無言のままであれば認めたことになるのに……」。

私は、それは誤解であると真実を説明しましたが、まったく信用してくれません。それどころか彼は「おまえが家族を指導し、俺を洗脳して、脱会させようとしているのだ。そんな手口に乗るものか。俺は死んでもこの信仰を捨てないぞ」と凄い形相で喋りまくったのです。それを見ていた父親は、さすがに、これはまずいと気づいて、私に失礼なことを言うな、としかりますが、ほとんど効果はありません。

私はこのような状況下では話をしても無理とも思えましたが、誤解を解くこと、教義の勉強の必要性を説いていきました。しかし彼は頑として受けつけず、膠着状態が続きました。業を煮やした父親が、あろうことか「親を困らせておいて、何が信仰だ。こんな所へ入れるためにおまえを育てた覚えはない。世間に顔向けできない。目を覚ませ」と怒鳴ったのです。それに対して彼は、「俺はあんたみたいな人でも救おうとして、頑張っているのだ。あんたに俺の気持の何が分るか！」と叫びました。彼の目を見ると涙が溢れていました（私は彼に、父親に対する憎悪の念を感じました）。

しばらくの間暗く重苦しい空気が流れた時に、伯父さんが部屋に入って来ました。聞けば彼が大好きな人で、尊敬もしているとのこと。伯父さんは今までのいきさつを一通り聞いた上で、彼と三十分程話し合って、翌日から私を交えて教義の勉強をすることを約束させました。しぶしぶという感じでしたが、両親は大喜びでした。私は「明日また来ます」と言って家を後にしました。翌朝、早くに私の家に電話が鳴りました。昨日訪問した家の父親からです。聞けば家族が眠っている間に、息子さんが逃げてしまったというのです。私は驚いて言葉も出ませんでした（これらのことは私の記憶を復元したものです）。

親も悪気があって安易な行動に走ったわけではないけれど、救出を簡単に捉えて、実行してしまったのです。失敗は残念なことでしたが、もし彼が逃げ出さずに私と勉強したとしても、真剣な気持がないので、教義の誤りを悟ることの障害になっただろうことは察するに難くありません。

読者はこの救出の失敗から何を感じられたでしょうか。本書は、これらの失敗の教訓から多くのことを学び、救出のために家族は何を学び、何を身につけなければならないのかを、順を追って説明しています。本書がこれから救出を目指す家族の参考となれば幸いです。

第一章　統一協会の素顔

1　統一協会の概要

世界基督教統一神霊協会（略称統一協会）は一九二〇年に今の北朝鮮で出生した文鮮明が、一九五四年五月に韓国で創立した。文鮮明は日本の早稲田高等学校で学んだ後、今の北朝鮮に帰国し結婚するが、一九四八年に人妻との強制結婚の現行犯で五年の実刑判決を受けて服役した。一九五〇年に朝鮮戦争が勃発し、そのドサクサに紛れて出獄して弟子とともに韓国・釜山まで徒歩で逃げる。その後、大学教授や女子大生とのセックス事件を起こして、一九五五年ソウルで逮捕されている。

文は一九六〇年に現在の妻韓鶴子《ハン・ハクジャ》（一九四四年生れ）と三度目の結婚をした。韓鶴子との間には十四人（三人死亡）の子がいる。その長男である文孝進は、協会幹部の娘である洪蘭淑《ホンナンスク》と結婚したが、洪は孝進の暴力に耐えかねて逃げ、離婚した。一九九八年、洪は「わが父、文鮮明の正体」という手記を書いている。

文鮮明・韓鶴子夫妻

平成8年・1996年 9月19日 木曜日

統一教会次期教主

文鮮明教祖長男

薬物中毒 収容2年半

◆文鮮明一族の家系図◆

韓鶴子 ＝ 文鮮明 ＝ 崔先吉(先妻)

(82・1・7挙式)

洪蘭淑 ＝ 文孝進(長男)　他11人の子(うち、次男が交通事故死)

5人の子

「理想夫婦」? 夫人には暴行で離婚訴訟中

米マサチューセッツ州の感化院へ

1月にも酒酔い無免許運転で有罪

文鮮明の長男の実態を伝える新聞記事
(『日刊スポーツ』1996年9月19日付)

韓国で始まった統一協会は、一九五八年に日本で布教を始めた。その後、一九六一年にクーデターによって成立した朴政権に反共活動の面で利用されるようになり、六三年に財団法人として認可され、六四年には日本で宗教法人として認可された。それ以来、統一協会は勝共連合の実質的母体として、韓国や日本の反共政治組織に利用されてきた。

一九七一年に文は朴政権の命を受けて渡米し、一九七四年にニクソン大統領と文鮮明が会ってからは米国でも様々な政治工作を展開してきた。それを示す出来事として、米国議会のコリヤゲート事件では、統一協会幹部の朴晋熙が公聴会でＫＣＩＡ（韓国中央情報部）との関係を追及され、朴晋熙はＫＣＩＡのメンバーの一人であると断定されて、統一協会とＫＣＩＡの深い関係が暴露された。

アメリカでは、一九八二年に文鮮明が資金を投じて設立した『ワシントン・タイムズ』紙を中心に、言論界や政界に一定の影響力をもっている。しかし文鮮明は脱税で実刑判決を受け、一九八四年七月から一年余り、コネチカット州の刑務所に服役した。

韓国では、日本から送られてくる資金を基に協会幹部と文の親類が多くの企業を経営し、財閥のひとつといわれていた。しかし、一九九七年からの韓国経済の破綻と、日本の統一協会からの送金が減少したことなどから、統一協会系の企業のほとんどは倒産してしまった。その企業で働いていた人々（信者も多い）は生活に困窮していると伝えられている。

日本では、一九七〇年頃から目立った存在になり、一九七五年頃からは大理石壺や印鑑、人参液を霊感商法の手口で高額で売って、膨大な資金を手にするようになった。元協会幹部であった副島嘉和氏は、一九七五年から十年間にわたって日本の統一協会は、文鮮明のもとに二〇〇〇億円以上を送ったと告白している。今でも日本人信者は毎年一〇〇億以上の資金を文鮮明に送りつづけている。

この資金を使って文鮮明や幹部は、ソ連のゴルバチョフや北朝鮮の金日成、更には中国などの要人と会ってきた。文は朝鮮半島の南北統一に寄与したいと述べていたが、実際は統一協会系企業の北朝鮮進出を図るのが狙いだった。

最近では南米のブラジルに広大な土地を買って、そこに地上天国のモデルを造ると言っているが、これは信者に希望を抱かせるための方便で、実現するはずがない。

2　統一協会の教典

統一協会の思想は、教典である『原理講論』の教えによって成り立っている。これによって宇宙や存在の根本原理を理解し、セックスによって堕落した人間は、再臨主（メシア）文鮮明によってのみ救われるのだと教えている。それゆえ、彼と彼の妻韓鶴子《ハン・ハクジャ》は「真の父母様」とたたえられ、その下に全世界、全宗教が統一され、地上天国が完成すると言っている。

これは聖書ともキリスト教とも何の関係もないものである。あたかも真理であるかのごとく、聖書の言葉を引用しているにすぎない『原理講論』は、もともと韓国で「混淫派」といわれている異端宗教の教理で、文鮮明が混淫派の中でも理論家といわれた金百文の所へ修道生として六ヶ月間通って習得したものを、のちに統一協会に入教してきた劉孝元という人物に理論体系的に書かせたものである。それを神の啓示によって与えられた真理の書だと偽って教え込んでいるのである（教典の詳しい内容については本書の第三章をお読み下さい）。

3　いろいろな名前で近づいてくる

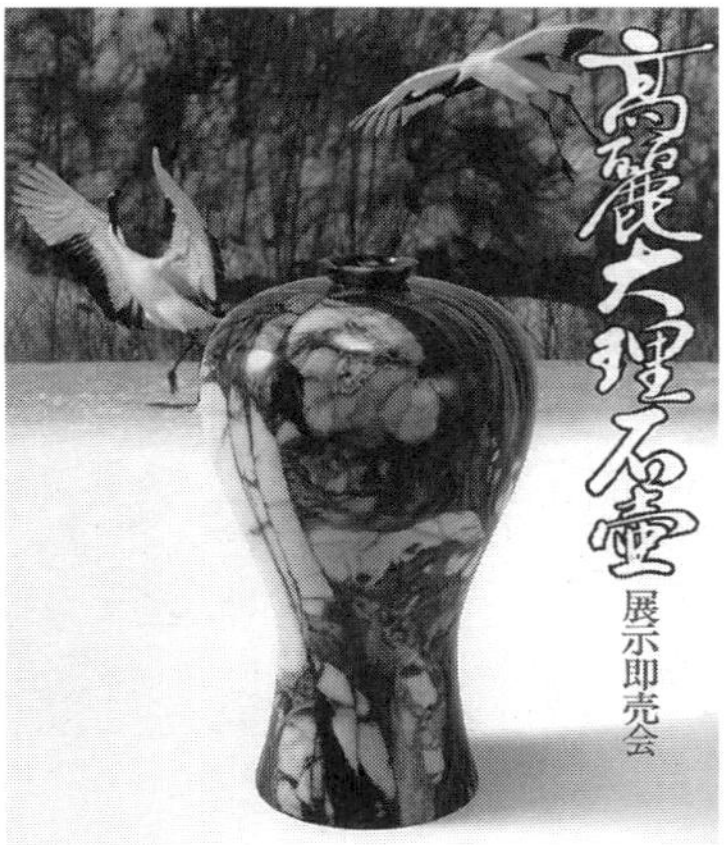

霊感商法で売られている壺

彼らは初めから統一協会とは名乗らず、いろいろな名前、いろいろな顔で、私たちに近づいてくる。駅前や街頭で「アンケートに答えてくれませんか」「手相の勉強をしているのですが」などと声をかけられたことはないだろうか。そうしたところから始まって「教育文化センター」「自己啓発セミナー」などいろいろな名前で呼ばれているビデオ・センター（ＶＣ）へ誘われるのが統一協会への第一歩だ。

統一協会の教義を教えるビデオ

大学生などの場合は「原理研究会（原研・カープ）」に誘われることがある。これも、学校の中ではいろいろのサークルやボランティア団体などを装って近づいてくるので、一見しただけでは統一協会だとは分からないのが普通だ。統一協会の別働隊にあたる「天地正教」という「宗教団体」もある。こちらはキリスト教ではなく、仏教の仮面を借りているというだけで、実体は統一協会である。

　また「世界平和女性連合」という団体があって、おもに中高年の女性をターゲットに、エイズや性教育の問題を取り上げた講演会を催したり、各種のイベントを行っている。時には多額の報酬を払ってまでも著名人を招いて講演会を催し、あたかもこの団体が著名人に認められているかのように見せかけている。「天宙平和連合」や「世界平和連合」などもあるが、いずれも正体は統一協会。これらの団体の総裁は文鮮明の妻韓鶴子で、もちろん統一協会の活動の一端を担っているのである。統一協会の信者は活動資金を集めるために「野の花会」や「しんぜん会」など、いろいろな名前を使い、難民救援とか、身障者に車椅子を送るなどと称して一般市民をだまし、街頭や戸別訪問で募金活動をしている。このため本物のボランティア団体が大変に迷惑を被っている。

「経済活動」と称する分野では、さらにたくさんの名前を持った会社や組織がある。その中にはマスコミで有名になった「霊感商法」のほか、「ハンカチ売り」を始めとするさまざまな訪問販売、「定着経済」と称して着物・絵画・宝石をあつかう「展示会」方式のほか、一般の会社と同じような配置薬や旅行業などの業務を行う組織もある。その中には病院や幼稚園、学習塾、ホテル業も含まれている。こうした組織や活動の特徴は「自分たちは統一協会です」と名乗らずに近づいてくる点にある。

4　信者が集めたお金の使い道は？

「地上天国」実現のためにと、日本の信者に大変なノルマを課して集めた莫大なお金のほとんどは文鮮明教祖のもとへ送金され、彼とその家族の豪邸・別荘・古城の購入、専用飛行機・クルーザー・高級車・ギャンブルといった贅沢三昧の生活に使われ、文一族が経営する会社（軍事産業も含む）の資金にも回されている。また、著名人を取り込むためのさまざまな資金にも使われている。教祖は平和な世界を実現するのが自分の使命だと信者を偽って、集めたお金は、実際は「平和」とは正反対の「邪悪」な活動に使っているのである。

信者は、教祖に送金したお金は平和のために使われていると信じて、生活を切り詰め、睡眠時間を削って頑張っているが、実態は教祖の気まぐれな妄想と、私利私欲のために使われているのである。

5　著名人を利用する

アメリカのブッシュ元大統領は、「世界平和女性連合」が統一協会のダミー団体だと知りながら、日本の集会で講演を行っている。米紙『ワシントン・ポスト』一九九六年七月三十日付は「文鮮明の勢力圏に引き込まれる名士たち」と題する記事を掲載、そのなかで、被招待者のなかには統一協会との関係を知らなかった人もいることや、統一協会が元大統領クラスに一回八万ドル（約八百万円）～一〇万ドル（約一千万円）という破格の「講演料」を渡していることなどを明らかにしている。また「文夫妻と一緒に写真を撮られて、その写真を世界中で信者獲得のために使われている」「彼らはこうした会議を協会の信者獲得のために利用しており、文鮮明が著名人に受け入れられているのだと信者に吹き込んでいる」という元統一協会幹部らの証言を伝えている。

信徒たちの血のにじむ苦労に反し、文教主と家族は贅沢の限りをつくしている

統一協会対策連合会関係者は「巨額の講演料や集会開催費も、大半が日本での霊感商法などから調達されている」と指摘している。

日本においては、保守的な政治家の選挙を手伝ったり、資金援助をしてきた。その中には中曽根元首相や金丸元自民党副総裁（故人）、高村元外務大臣を始めとする多くの国会議員がいる。彼らを支援するのは見返りを求めてのことである。

例えば、文鮮明が日本に入国したくても、アメリカで一年余り服役した経歴があるので出入国管理法にもとづき許可が出ない。そこで、一九九二年に金丸自民党副総裁（当時）に入国の便宜を図ってもらえるように頼み込み、それを受けた金丸氏が法務省にかけあって、超法規措置を用いて入国許可を出させたことがある。また、支援している国会議員に統一協会及び系列団体の集会等への参加を求めたり、イベントを催す際のパンフレットに写真を掲載するなど、さまざまな形で利用している。

統一協会は、参加者にこのような著名人が支持している信頼できる団体であると思わせて勧誘していく。一方信者は、多くの著名人が支持しているのを見て、教祖の偉大さを更に実感し、まもなく統一協会を中心とした地上天国が実現すると錯覚してしまうのである。

ここでは主に政治家を例に出して解説したが、統一協会は文化人、大学教授など利用できるものは全て利用している。

6　「合同結婚式」とは

合同結婚式の本質とはなにか。協会内部ではこれを「祝福」と呼んでいる。合同結婚式は「原罪」から解放される唯一の手段であり、統一協会では重要な儀式である。聖書の創世記を引用し、「エバが蛇（サタン）と姦淫したので、汚れた血統が全人類へ綿々と遺伝している」とし、その原罪を真の父母（文鮮明夫妻）によって清い血に転換しなければならない、と教えている。そして罪が清められることによって、その夫婦から罪のない子が生まれて来て、そのような罪なき人間の集合体が地上天国であるとしている。

合同結婚式は、統一協会の教えからいうと、まず文鮮明と女性が結婚し、その後に女性は指

国際合同結婚式

名された男性と結婚するということになる。この意味は文鮮明の清い血を女性が受け継ぎ、次に女性が指名された男性にその清い血を注ぐ「血分け」リレーのために、そういう順序になっているのである。

指名された男女は初夜のセックスの仕方までも事細かに定められた「三日儀式」に従う。信者は〝性〟まで管理されている訳だ（日本人信者同士の場合は、合同結婚式に参加後、数年を経過してから統一協会の指示のもと「三日儀式」を行う。また入籍も統一協会の指示に従う）。

合同結婚式は一九六〇年から始まったが、一九八八年が三六万組（三六万カップルの意）、二〇〇〇年が四億組と、頻繁に行われている（勿論、カップルの数は水増しである）。参加者には多額の献金が義務づけられており、上層部の金儲けに利用されていることは明らかである。最初

朝日新聞

1997年(平成9年)9月18日　木曜日

「霊感商法、違法」最高裁も認定

福岡の訴訟　統一教会の上告棄却

世界基督教統一神霊協会（統一教会）の霊感商法で多額の献金を払わされたとして、福岡市内の女性二人が損害賠償などを求めた訴訟の上告審で、最高裁第一小法廷（藤井正雄裁判長）は十八日、原告側の請求を認めて統一教会に計三千七百六十万円の支払いを命じた一、二審判決を支持し、教会側の上告を棄却する判決を言い渡した。これにより、「統一教会が行う霊感商法は社会的に容認できない不法行為だ」と判断した二審判決が確定した。

全国霊感商法対策弁護士連絡会によると、同様の訴訟は全国の裁判所で三十数件争われているが、最高裁で霊感商法の違法性が認められたのは初めて。

二審の福岡高裁は昨年二月、統一教会信者の献金勧誘行為は不法行為だとしたうえで、「献金勧誘は教会の宗教活動の場、または密接に関連する布教活動の一環として行われていた」と述べて、教会の使用者責任を認めた。認容額は、四千四百万円を請求した原告が三千五百万円、五百三十万円を求めた原告が二百六十万円だった。

第一小法廷は、こうした二審の判断を「正当として是認することができる」と述べた。

判決によると、原告の女性は一九八八年六月、統一教会の信者から「亡くなったご主人が地獄界で苦しんでいる」などと献金を迫られ、三千万円を払った。もう一人の女性も同様に二百二十万円の献金をした。

しんぶん赤旗

2001年2月10日（土曜日）　【社会・総合】　8版　（14）

正体隠した伝道違法

最高裁　統一協会の敗訴確定

世界基督教統一神霊協会（統一協会）に違法な勧誘を受け、マインドコントロールによって霊感商法に関与させられ、精神的苦痛を受けたなどとして、岡山市の元信者の男性(三七)が、二百万円の損害賠償を求めた上告審で、最高裁第二小法廷（福田博裁判長）は九日、賠償を認めた二審判決を支持し、同協会の上告を棄却する決定をしました。これで正体を隠すなどしておこなう統一協会の伝道・教化の手法は違法だとした二審判決が確定しました。

二審・広島高裁岡山支部の判決によると、統一協会は元信者に対し「虚言をろうし、正体を偽って勧誘した上、不安をあおり男性の自由意思を制約した」うえで入信させたと認定。こうした勧誘（伝道）方法は「目的、方法、結果が社会的に相当と認められる範囲を逸脱し、違法」と指摘し、賠償請求を棄却した一審判決を取り消し、協会側に約百七十二万五千円の支払いを命じていました。

元信者側の弁護士によると、統一協会をめぐる裁判で、最高裁が信者勧誘の違法性を認めたのは初めてといいます。

原告弁護団の河田英正弁護士の話　マインドコントロールなど違法伝道について司法の判断が明確に示された意味は大きい。統一協会の日常的な活動そのものが違法との判決が確定したことは、今後の被害防止や救済のためにもよかったと思う。

北海道新聞　2003年（平成15年）3月15日（土曜日）

青春を返せ訴訟

統一教会の控訴棄却

札幌高裁「伝道活動に違法性」

宗教団体と知らされないまま、マインドコントロールによる勧誘で入信させられたなどとして、道内などに住む元信者の女性十七人が、世界基督教統一神霊協会（統一教会、東京）に損害賠償を求めた訴訟の控訴審判決で、札幌高裁は十四日、統一教会に計約三千万円の支払いを命じた一審判決を支持し、統一教会の控訴を棄却した。

統一教会の勧誘・伝道の違法性が争われた「青春を返せ訴訟」のうち、控訴審で元信者の請求が認められたのは二例目となる。

判決理由で山崎健二裁判長は「統一教会への勧誘は、組織的かつ宗教的な伝道であることを秘匿して行われた。勧誘された者は、外部との接触を困難にされ、正常な判断ができない状況で教義に傾倒した」と述べ、伝道活動の違法性を認定した。

一審・札幌地裁は二〇〇一年六月、「宗教であることを秘匿するなどして行われた勧誘は、憲法が規定する信教の自由を侵害するおそれのある違法な行為」として、統一教会に賠償を命令。統一教会が「伝道活動の自由を認めない偏った反宗教的な判決」として控訴していた。

判決によると、元信者は、統一教会と知らされないまま「自己啓発セミナー」などへの勧誘を受け、一九八五年から九一年に入信。高額の献金をしたり、霊感商法に携わったりした。

毎日新聞　2002年（平成14年）8月22日（木曜日）

「合同結婚式は違法」

東京地裁　統一教会に賠償命令

世界基督教統一神霊協会（統一教会）の元信者3人が「だまされて入信させられ、精神的苦痛を受けた」として、統一教会に計約4300万円の賠償を求めた訴訟の判決が21日、東京地裁であった。小泉博嗣裁判長は「違法な勧誘で原告の信教の自由を侵し、合同結婚式への参加を強要して婚姻の自由も侵害した」と述べ、計920万円の支払いを命じた。原告弁護団によると、同様の訴訟で合同結婚式の違法性が認められたのは初めて。

判決は、原告の入信の経緯を「統一教会と知らされずにビデオ講習会に誘われ、不安をあおられた」と認定。3人が92年8月に参加した合同結婚式については「信者に結婚式への参加と結婚相手を断る自由はなかった」と認め、実際に結婚した2人に計80万円、結果的に結婚しなかった1人にも20万円の慰謝料を認めた。　【清水健二】

話

判決文を検討のうえ控訴したい。

朝日新聞　2004年（平成16年）11月9日　火曜日

統一教会系から献金

中山成議員　党支部に100万円

昨年11月

中山成彬文科相が自民党副幹事長当時の昨年11月、支部長を務める自民党宮崎1区支部（宮崎市）が、世界基督教統一神霊協会（統一教会）の関連団体「世界平和連合」（本部・東京）から100万円の政治献金を受け取っていたことがわかった。統一教会の霊感商法による訪問販売をめぐり、損害賠償を求める訴訟が各地で相次いでいる。同支部は「統一教会との関係は知らなかった。問題なら、返却することも検討する」としている。

同支部の昨年の政治資金収支報告書によると、世界平和連合からの寄付は、衆院選投票日の昨年11月9日の3日前にあった。同支部は「寄付は現金で受け取った。選挙期間中で事務所に多くのスタッフが出入りしていたので、寄付の詳しい経緯はわからない」と話す。中山氏は今年9月、宗教法人を所管する文科相に就任した。

中山氏の地元事務所によると、中山氏の地元の会合に世界平和連合のメンバーも出席したことがあったといい、献金については「問題だとは思わなかった」と話している。

世界平和連合の本部は「宮崎県の支部が、平和実現に関する考え方の共通する中山議員を支援しようとした」としている。

同連合は91年、統一教会創始者の文鮮明氏により設立された任意団体。日本では98年から活動を本格化させている。総裁は文氏、会長は小山田秀生・統一教会会長が務めている。

統一教会は、霊感商法による強引な訪問販売や合同結婚式への参加強要が社会問題化。各地で元信者らから起こされた訴訟では、違法な勧誘に法人としての使用者責任を認める判決が相次いでいる。

讀賣新聞　2003年（平成15年）12月9日（火曜日）

山崎前議員の敗訴確定

女性問題訴訟、控訴取り下げ

週刊文春の記事で名誉を傷つけられたとして、自民党の山崎拓・前副総裁が発行元の文芸春秋などに損害賠償と謝罪広告掲載を求めた訴訟は八日、前副総裁側が東京高裁への控訴を取り下げた。一審・東京地裁は請求を棄却しており、前副総裁の敗訴が確定した。

この訴訟は、週刊文春が昨年四月四日号で、前副総裁の愛人女性が統一教会（世界基督教統一神霊協会）の関係者と報じた記事を巡り、起こされた。前副総裁は、別の女性との関係などを報じた同誌記事を巡っても三件の訴訟を起こし、同地裁で争っていたが、八日、すべて取り下げた。

前副総裁は「総選挙の敗北を受け、初心に立ち返る決意をした。一連の週刊誌報道についても事実関係を争わないことにした」とのコメントを出した。

の頃はこの合同結婚式に参加する資格が種々問われていたが、最近は金を出せば一般人でも受けられるようになっている。

合同結婚式は未婚の人だけのものではなく、既婚者も対象とされ、「既成祝婚」という形で行われている。また独身老人には霊界祝福（生きた人と死んだ人の）も行っている。金儲けのためなら原則も手段も選ばないやり方になってきているのである。

7　こういう症状が見えたら要注意‼

この恐しい組織に、〝もし〟あなたの子供が誘い込まれると、どんな症状が見られるか、まずそのことを述べたい。家族の中に高校生以上の子供がいるなら、どこの家庭にも起きる可能性がある。学生だろうと、会社員だろうと、医師だろうと、看護師だろうと、学校教師だろうと、会社社長だろうと変わりはない。「うちの子供は三十歳を過ぎているから関係ない」などと安心はできない。

(1)　**自宅の場合**――帰宅が遅くなり、あいまいな外出が多くなる

ある時期からなんとなく勤めや学校の帰りが遅くなり、週末もあいまいな理由の外出が多くなる。親が聞いてもストレートに答えが返ってこない、答えがあいまいである、そんな中でも

し「ビデオ講座」などと口走ったら、統一協会の可能性が大である。そうではなく、会社や学校の「サークル」「クラブ活動」「教育文化センター」「自己啓発セミナー」「ボランティア」と言った時でも、どことなく歯切れが悪くあいまいなのはあやしい。日曜日に「キリスト教会へ行く」と言って出掛けるときでも、どこのキリスト教会か、はっきり言わなければ要注意である。とにかく家族が少し気をつければおかしい点が必ずある。

(2) 子供が遠くに住んでいる場合――電話しても出ない

最近の若者は、ほとんどが携帯電話を所持しているが、親から電話を入れても、今までなら出たはずの時刻に出ない。もし出たとしても、後で掛けると言って切ってしまう。これは、協会の上司にそのような対応をするように指示されている。その後本人から親へ電話が入った時には、すでに上司から〝知恵〟をつけられており、電話に出なかった理由や、電話を切った理由をもっともらしく説明する。そして親と会話した内容は全て上司に報告されてしまう。

週末とか連休にいつも帰ってきていたのに、帰ってこなくなる。また、帰ってくると言っていたのに、「急に用事ができて帰れない」と言ってくる。「どういう用事？」と聞いても、その言い訳にいまひとつ歯切れが悪い。「研修会」とか「友達と旅行」とか「合宿」とか言うのだが、詳しく聞くと、もうひとつあいまいではっきりしない。

(3) 泊まりがけの「研修会」参加？

「修練会」等へ自宅から出かける時も「研修会」「友達と旅行」「合宿」等の口実で出掛ける。「友達と一緒に韓国旅行をする」という場合も要注意（韓国での修練会も多い）。

(4) 家を出る・借りている部屋を移る・転職した・仕事を辞める？

「こんど友達と一緒に住むことにした」「会社（学校）に近いところに移る」と一方的に言ってきたり、親が用意した家財道具がいらなくなったから友達に上げたとか、家賃や契約内容があいまいだったりしたら要注意。仕事を辞めて「ボランティアをやる」とか「転職したい」と言い出し、その後その仕事の内容がいまひとつはっきりしない。

(5) 信者獲得のためのターゲットは全ての人

若者ばかりがねらわれているわけでない。家庭の主婦（夫）が行き先を告げずに外出がちになり、「新しい友達ができた」「為になる勉強をしている」と言い出すようになると要注意である。知らない人からの誘いの電話や、ハガキ、電話で話している相手を「誰？」とたずねても教えてくれなかったりする。自分で考え判断しなくなり、それまであまり内緒ごとや秘密がなかったのに多くなることは要注意。

(6) 物を買わせようとする

「一和」の高麗人参茶、着物、宝石、印鑑、絵画、健康食品を家族や友達に勧めるようになったら要注意。

(7) 服装が地味になってくる。髪を短めにする。女性は化粧が薄くなる。

8 マインドコントロールされていく一連の流れ

伝道されてから献身に至るまでの教育課程を「一般人」と「大学生」の二通りを次に図で示すが、今まで述べてきた症状にわが子が合致した場合、この図を参考に、現在どこまで進んでいるかを見極めることもできる。例えば、何らかの口実をつけて四日間、家を留守にした時は、四日修練会に参加したと捉えることができる。

わが子がどの位置にいるか分ったとしても、家族が本人に安易な言動を取ってはならない。その理由と対応策は次の第二章において詳しく述べて行きたい。但し、本人が統一協会だと知らずにその施設に通っている段階であれば、家族が「その施設は悪名高い統一協会だ」と注意するだけで止めさせることができるかも知れない。しかしこの段階で家族が気づくのはまれである。

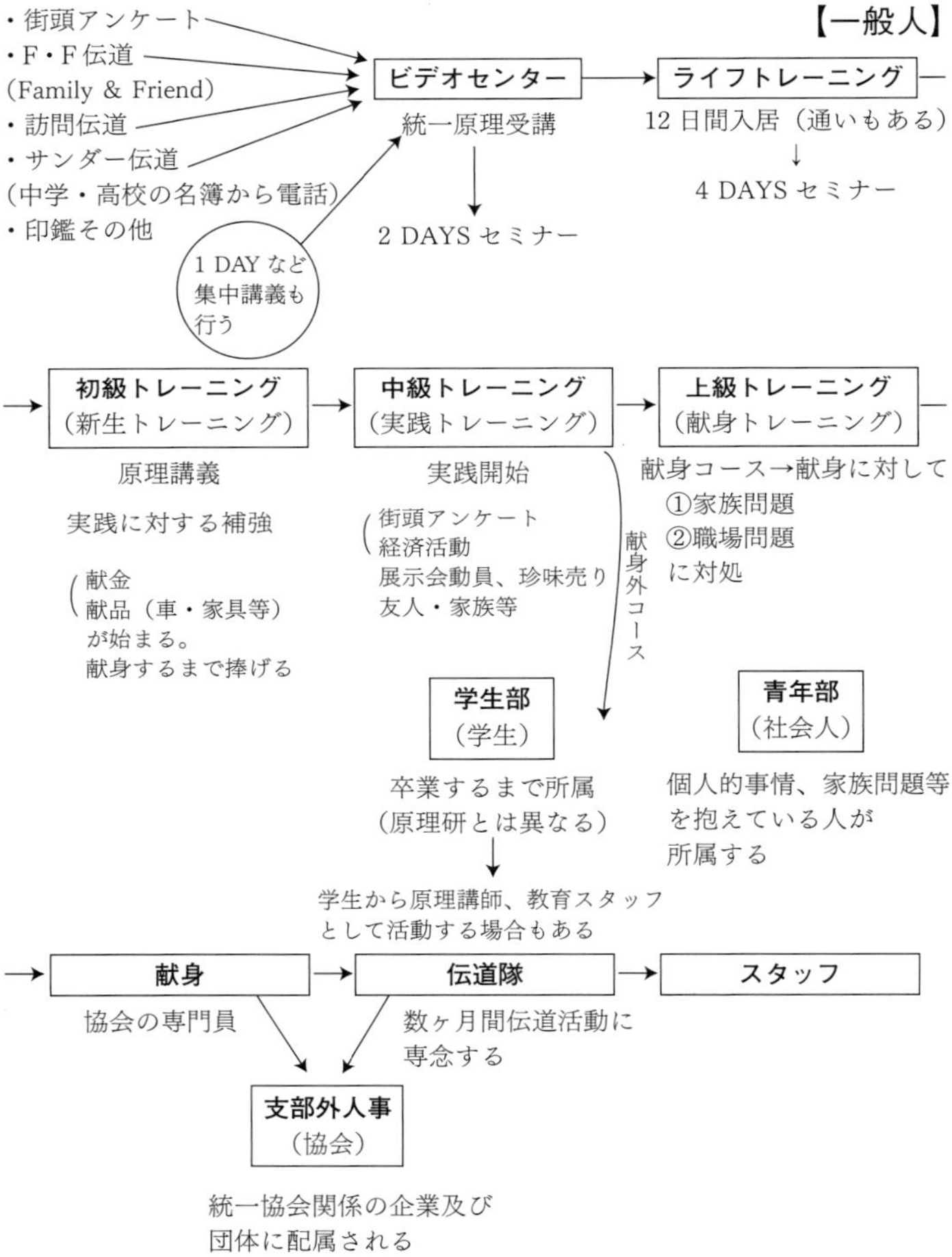

・地域によってこの流れが若干異なるケースがある
・どのような救出の取り組みをするかは本人が現在どの段階にいるかによって異なる
・家族は「救出の会」へ本人の現況を詳しく報告し、適切な指導を受けることです

【カープ（統一協会の学生組織、原理研究会）】

伝道

↓

ビデオセンター

統一原理受講

↓

2 DAYS セミナー

「創造原理」「堕落論」「復帰原理」「同時性」が講義される。

講義の合間にレクリエーションを行う。最後に「再臨のメシアは今、実際に来られている」と語り終る。

5DAYS セミナーに行く前に「再臨の講義をして、再臨主は文鮮明であり、ここは統一協会の組織の一つの原理研究会であると証す。

↓

5 DAYS セミナー

2DAYS セミナーでの講義とほぼ同じことの繰り返しであるが、それに加えて「主の路程（文鮮明の歩み）」も聞かされる。講義の合間にレクリエーションを行う。

↓

新人研（40 日間修練会）

春休み、夏休み、冬休みを使って参加させる（何回か参加させる。入教後に参加するケースもある）。

統一原理全般を詳しく講義される。

その他に「万物復帰」と称した偽募金を行わせる。

↓

入教（カープの寮で共同生活）

伝道活動
日曜日、祝祭日、春休み、夏休み、冬休みを利用して偽募金を行う。

↓

献身

卒業と同時に献身する場合が多い。

主にカープのスタッフ（指導員）になる。

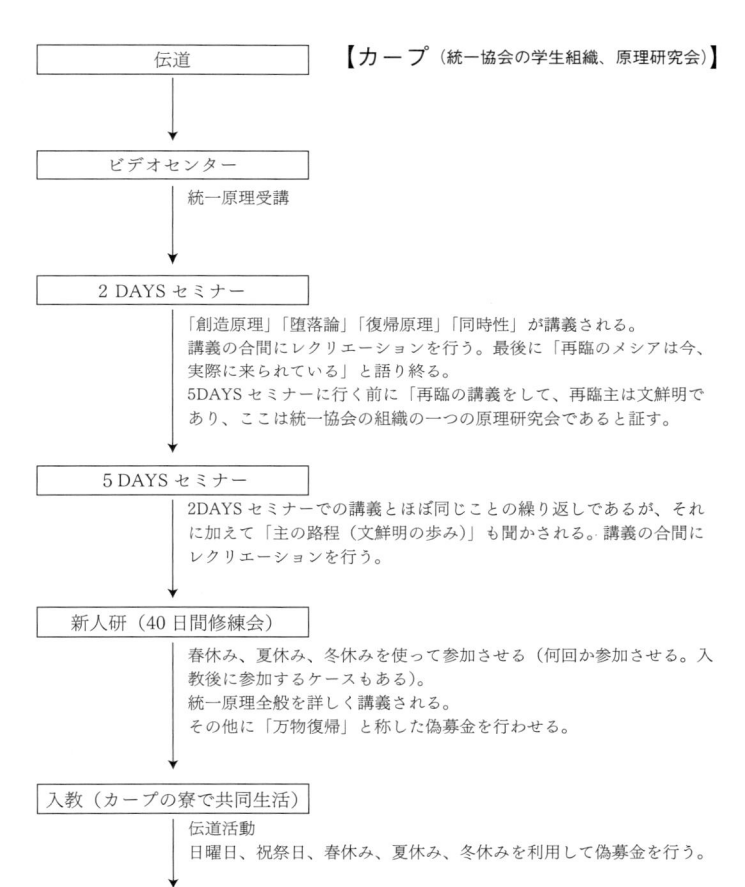

第二章　もしあなたの家族の誰かが入ってしまったら

1　緊急にすべきこと

これまで述べたような兆候によって、家族の者が一刻も早く気づくべきである。確かにその兆候がありながらも、「我が子に限って」とか、「家の子は真面目だからまさか」などと思って放置してはいけない。なにせ統一協会は真面目な人をターゲットにしているのだから、真面目な人ほど危ないと見なければならない。最近は既婚者もターゲットになっている。結婚している息子（娘）だから大丈夫だとはいえない。

しかし誰もが初めてのことなのであるし、まして本人が遠くにいる場合は、どうしても気づくのが遅れがちとなる。本人の大学や職場の仲間、友人が親より早く気づいて通報してくれる場合もある。突然の通報をすぐ、無条件に信じるのは無理かも知れないが、まず通報者の言っている本人の〝異変〟の内容をよく聞き、それと先に述べた兆候をよく照らし合わせて考え、そこに多くの一致点を見いだせば、その通報者の言っていることが真実であると分る。そしてその通報者に心から感謝すべきである。＊本人に直接聞いてはいけません。

2　相談

さて、親切な人々からの通報による本人の〝異変〟や、様々な兆候から、家族に思いあたるところがあったらどうすればよいのか。それは統一協会のことを詳しく知る人や、救済団体（以下「会」）を見つけることである。そして連絡を取り、本人の異変を説明し判断してもらうとよい。そして間違いなく本人が統一協会の会員だと断定されたら、家族は「会」の方から今後の対応についてのアドバイスを受け、家族が自己流で行動することは避けるべきである（親が無理やり本人を家に連れ戻したり、怒ったり、責めたりしてはいけない。家族が自己流の説得をするのもよくない）。この時点での家族の対応によっては、その後、救出ができるか、できないかの分岐点になることがある。

家族のあせる気持は分るが、やはり専門家や「会」のアドバイスを受け入れ、慎重な対応を心掛けるべきだ。それがその後、救出の成功へと繋がって行くのである。相談先は本書の末尾に挙げておくので、参考にしてほしい。

3　家族は事の重大さを認識する

先に「会」等のアドバイスを受けることを勧めたが、電話や手紙でのアドバイスには限界があるので、やはり、一刻も早く「会」等に出向き、具体的な「指導」「教育」を受けるのがよい。とはいっても「会」の指導員が一家族のために、ありとあらゆることを毎日指導してくれる時間はないはずである。指導を段階的に分けて行う場合もある。「会」によっては、家族の理解を早めるために「統一協会の実態」を解説した文献の購読を勧めることもある。最近は統一協会の実態を分りやすく解説した文献が数多く出版されている。家族も努力して、統一協会に対する充分な知識を早急に修得するように務めなければならない。本書も役立ててほしい。それらの学びによって、本人が恐るべき組織の餌食になっていることを知る。そして本人は被害者であるけれども、同時に社会で犯罪を犯しており、またこの瞬間にも真面目な人たちを犯罪組織に誘い込み、加害者になっているということも知ることとなる。家族にとってはショックが大きいだろうが、それを認識しなければ真の意味で救出の動機が確立されないのである。

それと大切なことは、それらの勉強をしていることを本人に知られると、その後の救出に大きな障害となるので、内密に進めることである。またその間の「本人の扱い方」についても「会」から指導を受けるべきである（例えば本人が突然家に帰って来た時の対応など）。そういう知恵を用いて、来たるべき日まで、それを持続するべきである。

4　信仰の深さの見極めと救出の取り組み方

家族が「会」に通い、知り得ている情報を提供すると、「会」の分析によって本人が現在、協会の教育課程のどこに位置しているかが明らかになってくる。そして、家族が統一協会に関する知識も身につけ、本人を救出する決意が固まると、本格的な「救出の取り組み」の勉強に入って行くのが自然の流れであるが、ここで、本人の信仰の深さを何をもって推し測るかということと、それに対する救出の取り組み方について述べたい。

信仰の深い浅いを見極めるのは簡単なことではない。単純に捉えると信仰歴の長い人が深くて、短い人が浅い、と思われるかも知れないが、決してそうとばかりは言い切れない。信仰の短い人が深い信仰者になっているケースもある。それを知らず、信仰歴が短いイコール信仰が浅い、と捉えて救出の取り組みを行うと、誤算を生じることになる。

例えば、「四日修練会」を終了した時点で受講生全員が一律に同レベルになるということではない。個人差はある。なぜなら、これといった悩みごともなく、明るく毎日を過している人が〝義理〟で参加し講義を聴いても、それ程感動はしないし、切実な問題として捉えず、修練会終了後に止めてしまう人も少なくない。たとえその後も統一協会に繋っていたとしても、急速に深い信仰者にはなりにくい（但し、新生トレーニング、実践トレーニングと全コースを終了して献身者[*1]になってしまうと、統一協会の巧妙なマインドコントロールによって一定のレベルに達した信者となる。カープに所属する学生であれば、新人研修〔四十日修練会〕を終えてホーム生活に入ると、一定のレベルに達してしまう）。

反対に親子問題（特に親と子に確執があるケース）、家庭問題（夫婦仲が悪い、夫婦別居状態、夫婦が離婚しているケース等）、異性問題（特に過去に女性が男性に〝心身〟を傷つけられたケース）、対人関係で悩んでいる人、自分の性格（コンプレックス、消極性等）で悩んでいる人ほど、その講義を聴くと問題解決の糸口が見えたと思い込み、先へ先へと教育課程を進んで行き、短時間で教義に確信を持ち、深い信仰に陥ってしまうケースが多い。特にその問題が深刻かつ多いほどのめり込む。それは『原理講論』（『講論』）の教え自体がそういう性質を持っているからである。『講論』はこの世に起る全ての問題（不幸）の原因はどこから来ているかをすでに解明していて、それらの問題（不幸）の全てを解決して、幸福（目的）を実現することができるという方法論を示すのである。また、これらを上手に導く協会のスタッフと受講生との関係も強化されていく。スタッフは受講生から生い立ち（特に悩みごと）をうまく聞き出し、親身になって聞くことに務め、時には同情の涙まで流す。受講生は悩みごとを告白することによって気持が徐々に楽になるし、何よりも聞いてくれたスタッフに信頼度を高め、情関係も深まっていく。

前者は四日修練会を終えていても、比較的短時間の説得（『原理講論』と聖書を使って教義の中核部分の誤りや、統一協会の犯罪行為、教祖の実体等を示す）で、目が覚めて退会するケースが多い（説得は家族で無理であれば「会」にお願いして、「説得者」にしてもらうとよい）。四日間の修練会が苦痛でしようがなく、講義の内容をよく覚えていないという人であれば、家族が「統一協会の実態」を解説した文献を読ませるだけで早々と退会することもある。

しかし後者は四日修練会（その前にビデオセンターで教義のビデオを十三巻見た上で二日修練会に参加している。次に十二日間のライフトレーニングを受けている）で問題解決の糸口が見えた気になって希望に燃えているので、「説得者」は、その問題解決を可能とする教義の根幹にある誤りを、聖書等を用いて示し、本人にそれを認めさせなければならない。また、その誤った教義から社会で犯罪を起している事実や、教祖の実体を直視させて、統一協会は悪の組織であることを認識させることが不可欠である。また協会のスタッフとの情関係を完全に立ち切るための説得もしなければならない。安易に捉え、簡単な説得で終らせてしまうと、本人はまだその希望の火が消えておらず、また統一協会との繋りも切れていないので、上司の指示で「偽装脱会」[*2]をして親を騙すかも知れない。

そして本人は親の目を盗んで統一協会に通い続け、後に親が気づいた時には深い信仰者になっているかも知れない。こういうケースは決して少なくない。「たかが四日間の修練会で簡単に人間が変るわけがない」と甘く見てはいけない。家族は「説得者」に本人の〝現況〟〝性格〟〝親子問題〟等を包み隠さず伝えて、適切な救出の取り組みをするべきである。特に親子関係が悪い場合は要注意である。この時点であってもすでに親の言うことを受けつけない〝信仰者〟になっていることもある。

救出は早い程良いのであるが、こういうタイプの人の救出は安易な考えで行うべきではない。最近は、救出を一度失敗すると次の機会がなかなか巡ってこなくなっている。それは統一協会が信者に以前よりも巧妙な指導を施しているからである。第七章の「家族の救出の取り組みについて」も参考にしてほしい。

＊1 **献身者**――一般社会の仕事を止め、統一協会のホームに住み、身も心も神と協会に捧げて、上層部の指示に従って資金調達や人材確保のために専心する協会専門員のこと。カープでは大学卒業後に一般社会の会社に就職せずカープの学生の指導者になることを指す。

＊2 **偽装脱会**――両親、親類、牧師等に離教の説得を受けた時に、嘘をついて脱会を宣言し、周囲を安心させた上で統一協会に戻ることをいう。

5 救出のための必要条件と事前準備――救出体験者からのアドバイス

(1) 本人が帰って来た時の対応（決行日）

①本人が家に帰る日が分ったら、その日に家族、協力者、説得者が都合を合わせて時間を取り、本人の帰宅を待つ。

②本人が予告なしに帰省した場合でも対処できる態勢を作っておくという方法もある。
③場合によっては本人の住んでいる所に出向かなければならないこともある。

(2) **家族の側から本人を呼ぶ場合の注意**

救出することが事前に知られると、上司の指導が入ってしまい、帰省しなくなるので、別な口実で呼んで後から事情を話し、救出に切り変える方が望ましい。

(3) **説得をする場所**

説得が長時間に及ぶと上司が疑問を抱き、家に押しかけてきて、正常な家族の話し合いが妨害される恐れがあるので、本人の納得のもと、別の勉強部屋に移動するのが望ましい。

(4) **信者は報告、連絡、相談を義務づけられている**

①信者は一日に何度か（帰省した場合は特に）上司に連絡を取る。これが途切れると上司は疑問を抱き、前述したように家に訪ねてくることがある。それによって、正常な家族の話し合いが妨害される恐れがある。
②本人は帰宅して家の様子がおかしいと気づいた時点で、家族の隙を見て電話で上司に連絡し、助けを求める（携帯電話、自宅の電話）。そうなると、上司や同僚が押しかけてきて、正

常な家族の話し合いが妨害される恐れがある。

(5) **本人が携帯電話を所持している場合の対応策**

前述した通り、携帯電話を使って助けを求めるので、事前に納得させて家族が携帯電話を預かるのが望ましい。

(6) **救出が始まる際、家族の誰が語り手（司会役）を担当するのか**

本人に嫌われている人が語っても受けつけない場合が多い。誰が相応しいのかは本書第七章の「救出のための家族の取り組み」の中で詳しく述べているので参照されたい。

(7) **本人に何を話すのか**

話すことはいろいろあるが、大切なことは勉強（教義の検証）することの必要性を訴え、本人を納得させることである。

(8) **親子問題の解決**

本人との間に親子問題、家族問題があれば、これを解決しなければならない。それなくして勉強はスムーズに進まない。このことに関しては本書第七章の「救出のための家族の取り組み」の中に詳しく述べられているので参照されたい。

(9) **第三者**（説得者）**を交えて勉強することを納得させる**

(10) **説得場所での注意**

家、もしくは別の勉強部屋で説得中に、本人が信仰を失うことへの危機感から逃げだす危険性がある。その防止策も考えなくてはならない（たとえ納得した勉強であってもそれは起こりうる）。

(11) **必要な人員**

この救出に必要な人員は何名か、その人たちの時間の確保。

(12) **共に生活する場合**

信者と家族が家（場合によっては別の勉強部屋）で生活を共にする場合は、多くの「注意事項」があるし、信者はその生活の中で様々な〝信仰の術〟も行使するので、それに対する家族の対応策を身につけておかなければ救出がスムーズにいかない（これらのことは、既に救出に成功した家族や説得者から学ぶ必要がある）。

⒀ 偽装脱会への対応策

協会は信者の離教を防ぐために様々な「対策」を施している。その中に偽装脱会という手口もある。これらに対する対応策を家族は事前に身につけておかなければならない（これも第七章「救出のための家族の取り組み」の中に述べられているので参照されたい）。

以上は救出経験者が当時を回想して〝簡単〟に示したものである。場合によってはこれ以上のことも必要になってくる。それらを全てクリアーしてこそ、救出の土台が出来上る。後は家族の役割を最後まで全うしつつ、説得者の協力のもと、本人が誤りに気づくまで勉強を続けるしかないのである。

なお、これらのことは一定のレベルに達してしまった信者の救出を対象にしている。信仰の浅い会員の救出には、これらのことを全て適用する必要がない場合もある。その辺の判断は「会」の指導員から指導を受けるのが賢明である。

6　補足

本書の第七章に記述されている「救出のための家族の取り組み」は「献身者」等の、一定のレベルに達した信者（この判断基準も難しいが）を対象にした、救出の核心に迫ったものであるが、それをそっくり献身前の会員にあてはめて捉える必要はないという考え方もある。しかし、先に述べたように、特に浅い会員は別として、献身前であっても献身者と同等のレベルの人もいるので、その辺の判断を誤って救出を決行してしまうと、悲しい結果になることが往々にしてある。

献身していないのになぜ献身者並のレベルになっているのかは、先にも述べた通り、入信前に悩みが大きかった人ほど、この教義によって「救われた」「自分は変った」「希望を持って目的に向っている喜び」を実感しているからである。こういう人は、悩みごともなく単なる使命感だけで歩んでいる人よりも深く、強いといえる。救出前にそれらをよく見極めて、慎重かつ万全を期した取り組みが求められる。

諺に「備えあれば憂いなし」とあるが、この救出にこそあてはまる言葉である。それらのことを考慮に入れて本書を読み、被害者の救出に役立ててほしい。

第三章　統一協会の教理と本質

カウンセラー

1　統一協会の教典とは

統一協会はどういう教えをしているかを紹介していきたい。

統一協会は表向き新・旧約聖書を教典とするとしている（協会信条第二項）。しかし、実際は『原理講論』（『講論』）という書物を重要視している。協会は、『講論』は聖書を土台として解いたものであるとか、聖書をより深く解釈した教理書であると言っている。

『原理講論』を読むと、聖書の一部（一節）の言葉（「聖句」という）が引用されていて、その論理が聖書によって立証されているかのように思えるが、その使われている聖句の前後を読むと、『講論』の論理とはまったく異なることが書かれている。なぜそうなるかというと、『講論』は都合のよい言葉だけを聖書から抜き取って使っているからである。中にはまったく別々の聖句を継ぎ合わせて一つの聖句のように見せかけ、『講論』の論理を正当化している箇所も

『原理講論』

ある。更に聖書を曲解して述べたり、聖書で言ってもいないことをさも言っているように主張する、聖書の主張とはまるで正反対のことを述べている箇所も多くある。

なぜ『講論』は聖書を偽造・捏造する必要があったのか。それは、協会に通ってくる真面目な人たちの善悪の判断基準を転換するのが最大の目的だからである（このことについては第四章に詳しく述べているので参考にしてほしい）。

狙いはその他にも沢山ある。例えば教祖・文鮮明をメシアと信じさせるための〝工作〟であったり、受講生をサタンの血統を持った罪人だと信じ込ませ、救えるのはメシアしかいないとして従属心を持たせようとしたり、いろいろ悪用している。これらのことは次の「2 『原理講論』の教えとその狙い」の中で詳しく述べていきたい。

こういうカラクリを知らない受講生は、修練会で「原理講義案」（『原理講論』を基にして作られたテキスト）によってマインドコントロールされていく。従って、聖書とは似ても似つかぬ『原理講論』が統一協会の事実上の教典なのであり、協会はいわば「偽聖書」を使っている「偽キリスト教」なのである。

2　『原理講論』の教えとその狙い

『原理講論』（『講論』）の目次には次のように記されている。

総序
創造原理
堕落論
人類歴史の終末論
メシア降臨とその再臨の目的
復活論
予定論
キリスト論
復帰基台摂理
モーセとイエスを中心とする復帰摂理
摂理歴史の各時代とその年数の形成
摂理的同時性から見た復帰摂理時代と復帰摂理延長時代
メシア再降臨準備時代

再臨論

この順序に従って、講論の述べていることに、修練会での教えも加えて要約して示し、その狙いについても解説していきたい（読者は『講論』の主張を見ていくと多くの論理的矛盾に気づかれると思うが、その矛盾の全てを列記すると膨大な量になるので、重要と思われる箇所のみを指摘する）。

(1)「総序」

「総序」とは、『講論』全体に関することを初めに紹介し訴えることであるが、ここで、人間は誰もが幸福を追い求めているが、それを得るためには宗教と科学を統一した新しい真理が必要であり、それが『講論』に示されている、と期待を持たせる（宗教と科学という概念の異なるものを統一する？　真理とは本来、いつの時でも、どこでも、誰にでも通じるという意味なのに、〝新しい真理〟と表現すること自体が誤りである）。

(2)「創造原理」

最近の修練会では、『講論』に記述されていないことも加えて教えている。それらを含めて特徴的なことを列記する。

○神の性質を科学的に実証する（『講論』は科学の書であると思わせる手口。実際はでたらめ)。

○「他のために生きる」ことを強調する。これは世界のため、他人のために尽すことである(後に教える、世界に、人々に尽し救うということは、神と協会の目的である地上天国を実現することであり、そのためには協会の教えに忠実に従うことである、とする布石である)。

○「愛と生命」の尊さを強調する(後に教える「真の愛に生きる」の布石である)。

○神が人間と被造物を創造した目的は神の喜びのため、と教える。

○「人間の価値観」を強調する。これを聞いた受講生は貴重な人生であるから大切に生きなければと自覚する(後に教える、神と協会に尽すことが唯一の道とする布石)。

○「四位基台」という言葉を用いて、神を中心とした家庭こそが、神の永遠なる創造目的であったと強調する(後に「堕落論」で教える、人間は堕落の結果、サタンを中心とする偽りの家庭を築いている、ということと対比して、輝かしい希望となる)。

○「霊界」の教え(この狙いは地獄への恐怖心を持たせ、後に教える神と協会に尽すことこそが地獄行きを回避する唯一の道とする布石作りである)。

(3) **「堕落論」**

冒頭にいきなり人間の心の中にある「悪心」を突いてくる。そしてこの悪の主体をサタンと位置づけて、サタンの正体を明らかにするのが「堕落論」の目的であるとする。続いて本題に入ると、人類始祖が淫行によって堕落したとして、その根拠を聖書の言葉を引用して面々と述べていく（全て曲解と悪用である）。堕落の根拠と経路を簡単に説明すると、アダムとエバのうち、まずエバがサタン天使（天使長ルーシェル）と性交をして汚れ、その後エバはアダムを誘惑して性交をしてアダムも汚れてしまい、二人とも罪人（原罪）となったとする。以来この罪が「血統」「遺伝」を通じて全人類に連綿と伝わってきているとする（聖書に天使長ルーシェルなるものは存在しない）。＊原罪—人類が罪人となった原点のこと。

性関係という行為の結果が血統として残るとは、古代の迷信宗教ならともかく、現代ではまったくの珍説でしかない。しかしこれが統一協会の中核理論なのである。受講生にとっては、直ぐには受け入れ難い論理であるが、協会は受講生を堕落の後孫であると自覚させるために、工夫をこらして様々な角度から証明しようとする。

まず、人類始祖が堕落した結果、「堕落性」を持ってしまったとして、人間の欠点を数多く並べ、堕落しなければ親である神の完全無欠性を継承することができたと強調する。更に現代社会の問題点（エイズ、幼児虐待、レイプ、売春、買春ツアー、援助交際、テレクラ、猟奇的性犯罪等）を引き合いに出して、このようなことが起る原因は人類始祖が淫行による罪を犯したために、その後孫である我々人間に「血統」「遺伝」として伝わった証明である、と強調する。他にも人類が歴史で犯した罪を数多く並べて、人間がいかに罪深いかを訴えていく。

それらを示されると、受講生は、やはり人類始祖は堕落して、サタン天使の汚れた「要素」が伝播されてしまい、後孫がそれらを引き継いで、繰り返し罪を犯していると思い込み、自分は罪人であると自覚してしまうのである。

協会は受講生に罪人だと自覚させることによって、原罪を取り除いてもらうためにメシアにすがるしかないと思わせることができるし、残りの罪の清算のために「蕩減復帰」の名のもと、労働奉仕や献金をさせることを自由にコントロールできる。

(4) 神（統一協会）に都合の良いように作られた論理

更に『講論』には、「堕落論」に決して疑問を持たせないために、用意周到に準備された「責任分担」という論理がある。そのことを紹介したい。淫行が堕落の原因であることを受講生に納得させたとしても、神によって完全になるように作られていたアダムとエバがなぜ堕落したかということが疑問として残ってしまうし、また神は全知全能であるから堕落は阻止できたはずである。そこで『講論』は次のような論理を用いて、それらの疑問を覆い隠してしまう。それは、神はアダムとエバの成長期間には決して干渉せず、自分自身の責任でその期間を全うして完成するように創造されたとする。ところが成長途上でエバは天使長ルーシェルと淫行し、その後アダムをも誘惑して堕落したのであると（元来アダムもエバも神の血統を持って創造されたが未完成の状態であったので、ルーシェルのサタンの血統の方が優位であって、エバがル

堕落の論理

（人類始祖の堕落の原因と経路）

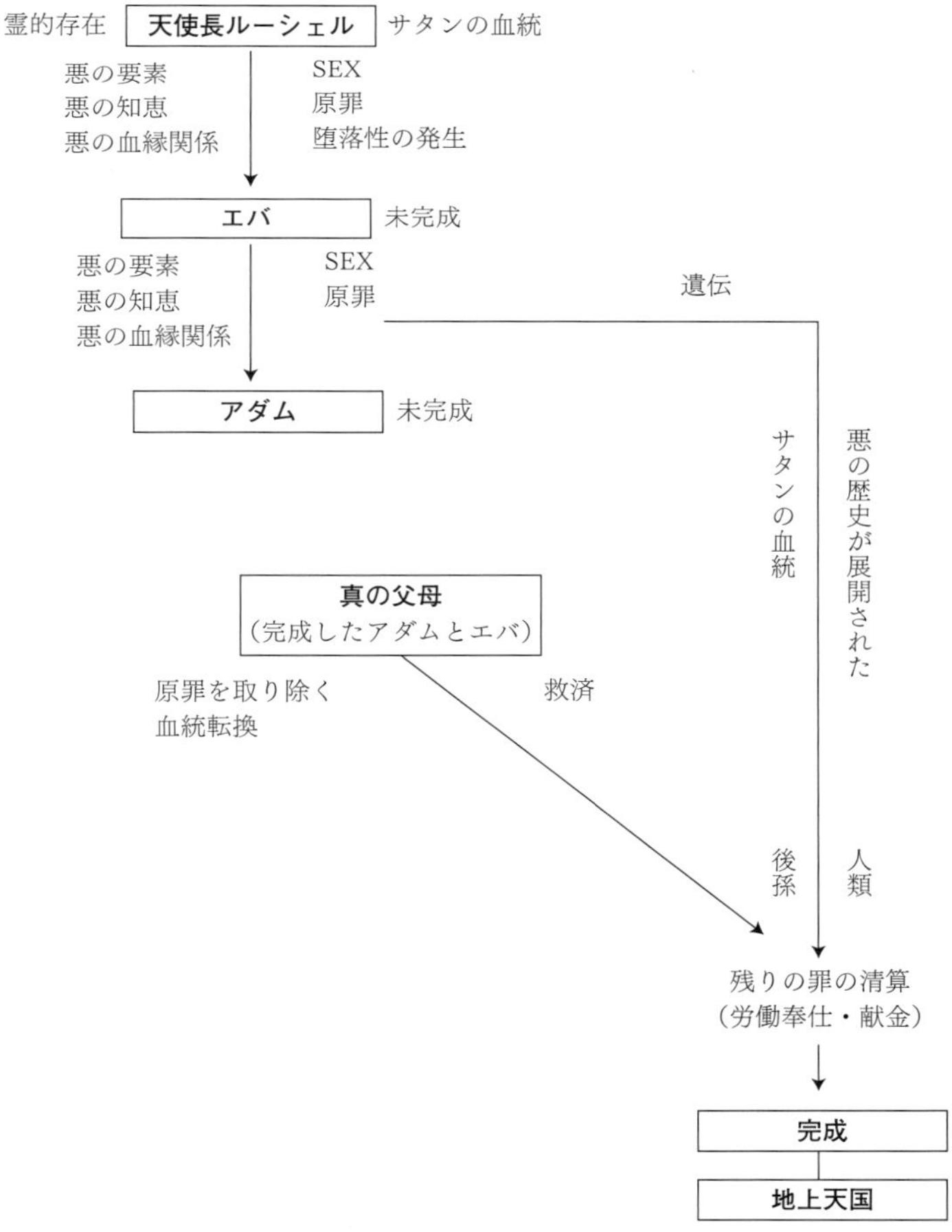

ーシェルと淫行した時、サタンの血統がエバに伝播・注入されて汚染された、という驚くべき珍説を教えている）。

この「責任分担」という神（統一協会）にとってまことに都合の良い教えは、「堕落論」のみならず、いろいろな教えの中で使われている。例えば「予定論」の教えでは地上天国を実現するためには、神の九五％の責任分担と人間が担当すべき五％の責任分担が加算されて初めて完成すると述べている（ここで人間の責任分担五％というのは、神の責任分担に比べてごく小さいものであるが、人間自身においては一〇〇％に該当することであると述べている）。結局、神も頑張るから信者一人一人も一〇〇％の力を出し切って頑張らなければ決して地上天国はできない、と言っているのである。

人間にこの「責任分担」が必要不可欠という教えによって、神とメシア（文鮮明）は責任を果しているにもかかわらず今だに地上天国が実現しないのは、人間が責任を果していないのが原因だと、信者に責任転嫁することができる。そうすることで、神とメシアの権威は少しも失うことなく、信者の贖罪意識を更に深めさせ、協会の活動（伝道・金稼ぎ）を強いていくことができるのである。この責任分担と蕩滅復帰（罪人は罪滅しを完了しなければ決して完成人間になれない）の二つを連結させることによって、信者を永遠の奴隷にしておくのが協会の狙いなのである。

(5)「人類歴史の終末論」

『講論』のいう終末とは、この世の終りという意味ではない。終末とはこの世を支配しているサタンが消滅し、神中心の世界に変わる時のことをいう。そのためにメシアが現れて、この地上に天国ができる時であるとする。

それは同時に堕落した人間が唯一救われる機会であり、今こそメシアとともにこの教えを人々に伝え、世界を救うことなのだと使命感を強める教えである。ここでも神が送ったメシア（文鮮明）がいかに重要な存在であるかを強調している。

(6) メシアの降臨とその再臨の目的

内部では通称「メシア論」といわれている。ここではイエス・キリストの十字架の死は神の本意ではなく、ユダヤ民族が十字架に追い込んだのであり、イエスの十字架の死によって「地上天国が実現しなかったために、メシアは再び降臨して、地上天国を実現しなければならない」と教えている。また洗礼ヨハネという人物はイエスをメシアであるとユダヤ民族に証しする任務をもっていながら、自らイエスに不信を抱いて、証人（あかしびと）として失敗したと教えている（『講論』の解釈）。[*1]

結局、『講論』の狙いは、ユダヤ民族がイエスに不信を持たず、メシアとして受け入れ、服従してともに歩んでいれば地上天国は実現していた、と言いたい。そして神がわざわざ人類救済のために送ってくれた神のひとり子が殺されてしまい、その罪はユダヤ民族の罪であるばかりでなく、人類の罪であり、私たち一人一人の罪なのであるとしたい。そして再臨なさるメシア[*2]（文鮮明）に対して、私たちは二度と同じ過ちを犯してはならないと強く思わせるのである。そして神はひとり子が十字架上で殺されようとする時、それを見ていて[*3]、その心情はいかばかりであったかと、神の悲しみが受講生の心の中に強く伝わるよう説明するのである（悲しみの神を受講生に植えつけるための第一段階の手口）。

＊1　**失敗**――ここで言っている十字架の失敗はあくまでも『講論』の言い分であって、既成キリスト教の教えとはまったく違う。『講論』はイエスの十字架を「失敗」としなければ文鮮明の出てくる幕がないので、そうこじつけているのである。またイエスの再臨する意味あいも、『講論』と既成キリスト教の教えはまったく違う。

＊2　**再臨**――既成キリスト教では「イエスの再臨」というとイエス自身が来ることを言うが、『講論』ではイエスの再臨とは文鮮明のことを指している。文法的には成り立たないのだが、統一協会は、文鮮明が少年の時にイエスが霊的に現われて「私のやり残したこと（地上天国実現）をあなたが成し遂げてほしいと嘆願した」として、それを根拠にイエスの再臨は文鮮明だと主張している。もしそれが事実だとしても、イエスの代理人と呼ぶべきである（勿論、イエスが現われたという話は創作である）。

＊3　**それを見ていて**――イエスが十字架上で殺されるのを神が見ていたとあるが、そのことが神の本意でなければ、全知全能の神がなぜ助けないのかと疑問が出てくる。『講論』には「間接主管圏」という奇妙な論理があって、イエスがまだ全てを完成していなかったので神は干渉す

ることができなかった、としている（イエスが妻を迎え子供を作って、神を中心とする家庭が完成していたら、「直接主管圏」に入っていて神は干渉する〔助ける〕ことができた、という『講論』独自の論理である）。

(7)「復活論」

『講論』における復活とは、堕落によってサタンの支配圏内に落ちた人間が、神の支配圏に戻って行くための過程的な現象を意味する。人間の霊人体（人間は肉体と霊人体の二部性で構成されていると説いており、更に霊人体は三段階に分かれて成長するとしている）が復活（成長）するには、御言葉（神及びメシアの言葉）を信じて統一協会で実践活動をすることである。

結局、人間の完成とは肉体の完成をいうのではなく、霊人体の完成をいう。完成までの順序は霊形体→生命体→生霊体となっていて、生霊体となると完成して神の支配圏（天上天国）に入ることができる、としている。一方、完成されずに他界した霊人たちが復活（成長）するためには（霊界では復活も成長もできない）、地上に再臨（地上に再び戻る）して、自分たちが地上での肉身生活で完成されなかった、その使命部分を、肉身生活をしている地上の聖徒（協会信者）たちに協助（協力・助ける）することによって、地上人たちの肉身を自分の肉身の身代わりに活用し[*1]、それを通して成し遂げるという。これらの教えによって、受講生は、自分の霊人体の成長のためには統一協会で一生懸命に実践活動をすることであり、同時に先祖の霊人体は地上の聖徒を協助することによって完成して天国に行けるようになると信じるし、何よりも自分が氏族のメシアであるという使命感と責任感を強くする。

＊1　**霊人が地上人の肉身を自分の肉身の身代わりに活用し**——肉体のない霊人が肉体を持った人間の中に入り込み、自分の成長に協力してもらうという意味であり、またその霊人も地上人の「霊人体」の成長を助けるというものである。協会はまるでオカルト映画もどきのことを信者に教えているのである。

古くは文鮮明の亡くなった息子（興進）の霊人が地上の聖徒の体の中に入り込み、霊界から信者の不正を全て見ていたと威し、罪の告白式をやらせるなどして、組織の引き締めに利用していた。最近は韓鶴子の亡くなった母親（「テモニム」という）の霊人が地上の女性霊能師の体の中に入り込み、霊界の話をするとして、韓国の清平《チョンピョン》という所へ信者を集めて霊界の威しと金儲けに利用している(本書の第六章(8)にその内容が詳しく記述されているので参照されたい)。

(8)「予定論」

ここで強調されていることは、神は人間を完成させるように創造したが、堕落してしまったので本来の姿に戻すことこそが神の願いであり、それは絶対的であり、そう予定していると言っている。そしてそれは神一人ではできないので、信者諸君の頑張りにかかっていると言いたいのである。これこそが『講論』の狙いなのである。

(9)「キリスト論」

創造目的を完成した人間は、神のような価値を持つようになる。イエスには原罪はないが、真の父母になれなかった（結婚して子供を作れなかった）ので真の完成とはいえないし、人類を新生（堕落人間のサタンの血統を神の血統に転換）させることができなかった、と教えている。その他キリスト教の重要な教義を粉砕し、『講論』の教えこそが真理であるとする。特に四位基台（神を中心とした家庭）を強調し、真の父母（文鮮明夫妻）こそが唯一人類を新生させることができる存在であると思わせる布石を述べている。

(10)「復帰基台摂理時代」

この章は次の章の「モーセとイエスを中心とする復帰摂理」とひとまとめにして「復帰摂理」として扱う。「復帰摂理」とは、堕落した人間を神が本来望んでいた完成した人間に戻すための神の願い（予定）のことをいう。そのためにはサタンの血統を持った堕落人間を神の血統に転換しなければならない。それにはメシア（救世主）を迎えることが必要であり、メシア（真の父母）によってのみ人類は新生（血統転換）されるとする。

そしてサタン支配の堕落世界を神中心の理想世界（地上天国）に転換するのである。その転換には政治、経済、思想、文化等あらゆることが含まれている。結局復帰摂理の最大の目的はメシアを迎えることにある。メシアが降臨しなければ人類の血統も転換できないし、地上天国も形成されないのである。それでは神が直ぐにメシアを送れば問題が解決すると思われるのだが、『講論』には「蕩減復帰摂理」というやっかいな論理があって、過去に犯した罪を清算しない限り神はメシアを送ることができない。そのため復帰摂理の歴史の中に神は中心人物（神に選ばれた人）を使わし、罪の清算を完全に行わせるという条件をつける。その清算方法もわざわざ二段階論を示す。そういう条件をつけられて長大な復帰摂理の歴史は流れて行くのである。しかし残念なことに、その中心人物たちは成功と失敗を繰り返しながら、誰一人として最終目標には到達しないのである。

『講論』は目標を達成してメシアが降臨されたら文鮮明の出る幕がなく、困るのである。そのために聖書を曲解して、いろいろと取りつくろっている。しかし困ったことに、罪の清算も終わらない内にイエスが降臨してしまう（聖書には、全人類の罪が全て清算されてからイエスが降臨するなどという考え方は一切ない）。『講論』はその論理に合わない状況でイエスが降臨したことを無視して、早急に失敗者に仕立て上げる。成功してしまったら文鮮明など必要なくなるからである。そのために「メシア論」で述べた通り「キリストの十字架の救い」を失敗に見せかけ、真の父母（文夫妻）こそが唯一の救い主であるとして今日の時代まで引っぱってくるという演出をするのである。

そして、信者の蕩減生活にはこの歴史上の中心人物たちの罪の清算方式がほぼ同じく使われており、いつ終るとも知れない労働奉仕と献金を求められ続けているのである。特に恐しいのは歴史上の中心人物たちが、うそ、だまし、殺人を犯す場面があるが、それを神の願いのもとにした行為であり、善であり、それによって神の摂理は前進したとする教えである。

この教義の詳しい内容と善悪の判断基準を転換するテクニックは、第四章「統一協会の修練会での狙いとは何か」に具体的に解説されているので参照されたい。

⑾「摂理歴史の各時代とその年数の形成」

人類歴史六千年の対照表を示し、文鮮明こそ誕生の年代から考えてもぴったり「再臨主」にあたる、ということを証明したというものである。それも史実を基に作られたとしている。これをなぜ「摂理的同時性の時代の対照表」というかというと、この表によれば人類「六千年」の歴史は、①アダムからアブラハムまでの二千年と、②アブラハムからイエスまでの二千年と、③イエスから「再臨主」文鮮明までの二千年と、三回ぴったり重なり合う（それを「同時性」という）からである。だから表は三列になっている。

『講論』はこの「摂理的同時性」についてこう述べている。「事実上、人類歴史は生きて働いておられる神のみ手による一貫した公式的（法則）な摂理によって作られてきた」と。だから或る時代が前の時代の歴史の路程（歩み）とほとんど同じ様相でもって反復しているのである。更に『講論』は「神は数理的にも存在し給う方である」とも述べている。これらの言い分をまとめると「摂理的同時性」とは数理の神が地上天国を目的として歴史を反復させながら作って

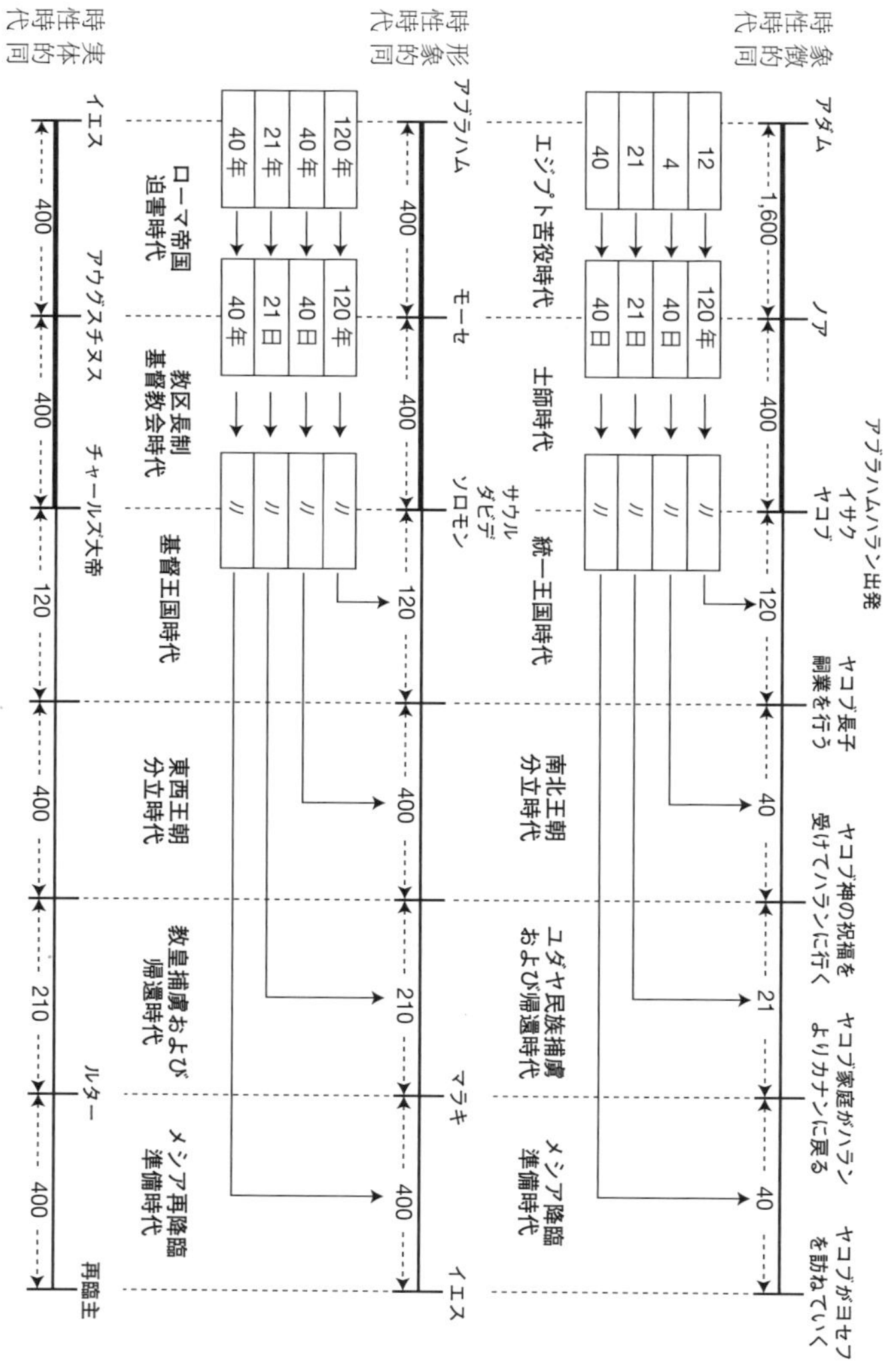
象徴的同時性時代
アダム
1,600
ノア
400
アブラハムハラン出発
イサク
ヤコブ
120
ヤコブ長子嗣業を行う
40
ヤコブ神の祝福を受けてハランに行く
21
ヤコブ家庭がハランよりカナンに戻る
40
ヤコブがヨセフを訪ねていく
12
4
21
40
120年
40日
21日
40日
〃
エジプト苦役時代
士師時代
統一王国時代
南北王朝分立時代
ユダヤ民族捕虜および帰還時代
メシア降臨準備時代
形象的同時性時代
アブラハム
400
モーセ
400
サウル
ダビデ
ソロモン
120
400
210
マラキ
400
イエス
120年
40年
21年
40年
120年
40日
21日
40年
ローマ帝国迫害時代
教区長制基督教会時代
基督王国時代
東西王朝分立時代
教皇捕虜および帰還時代
メシア再降臨準備時代
実体的同時性時代
イエス
400
アウグスチヌス
400
チャールズ大帝
120
400
210
ルター
400
再臨主

きたということになる。

ではその「対照表」が法則的になっているか確かめて見ると、まず全体を眺めると一列目は太線の部分だけでもう二千年になってしまう。それから先の一二〇、四〇、二一、四〇を足すと全体は二二二一年で、二二一年の超過である。二列目はなぜか一列目のアブラハムまで戻って、そこから計算しなおしている。しかしそれでも合計数は一九三〇年にしかならない。三列目も同じく一九三〇年にしかならない。その一九三〇年も文鮮明の生まれた一九二〇年とは一〇年もずれがある。ここを見ただけでもまったく法則的になっていない。人類歴史のいろいろな時代が重なり合う（同時となる）という理屈を言おうとすると「二千年」が合わなくなり、逆に二千年を三回重ねようとすると今度は「同時性」が合わなくなるのである。そもそもイエスから二千年後に再臨主が来るのが法則だと『講論』は言っているのに、文鮮明は八〇年も早く生まれている。この八〇年のずれをどう説明するのか。『講論』のいう「人類歴史六千年」の一つ一つの各時代の数字（期間）は正しいかというと、一つ残らずこじつけである。それは聖書やキリスト教史、世界史を調べるとすぐ分ることである。『講論』が人類歴史を六千年と捉えていること自体がすでに誤っている。また旧約聖書の「創世記物語」に登場する人物の生きた年数を史実として捉えて、それらの各人物の生涯年数を繋ぎ合わせて、一六〇〇数、四〇〇数を作り出している。それも相当な水増しをしている。たとえばヤコブという人物は最低でも二二一年生きたことになっている。聖書を見るとヤコブの生涯は一四七年である（「創世記」四七章二八節)。

『講論』はこの「摂理的同時性の時代の対照表」を使って文鮮明を「再臨主」であると決定づけようとしているが、述べてきた通りの矛盾一覧表であって、逆にこれらの虚数を暴くことによって文鮮明は「偽再臨主」であると証明することができるのである。また、大きな矛盾として、復帰基台摂理時代においては、「神の送った中心人物たちが失敗したので、このような歴史が流れて来た」と言っておきながら、ここでは「数理の神が公式的（法則）に作った歴史だ」と述べている。その二つの論理をまとめると、神は歴史を公式的にするために中心人物を失敗するように導いた、となる。もしくは、失敗が初めから法則？になっていた、となる。どちらにしても失敗の神であることには変りがない。

⑿「数字の神が信者をコントロールしている」

でたらめな〝数字〟を使って「摂理的同時性の時代の対照表」[*1]を解説してきたが、実はこの数字こそが、統一協会にとって非常に重要な意味を持っているのである。

協会の頂点に君臨しているのは「数理の神」である。そこからあらゆる指示、命令が下ってくる（実際は文鮮明と幹部たち）。その際に数字を大いに利用するのである。たとえば経済（金稼ぎ）に関する命令では、一二〇日路程（歩み）を設定し、この期間中に四百億を復帰（サタン側から取り戻すこと）せよ！　神は見ておられる、今こそ信仰で貫徹！　と檄を飛ばす。信者にとっては数理の神から来た絶対的命令であり、その数字に摂理的意味があると受けとめるのである。

また信者は歴史上の中心人物たちが神の示した数理的期間中に目的を達成できず、神の願い（地上天国）が実現できずに今日まで延長され、その間神はずっと悲しんでこられたということを修練会でしっかりと頭に叩き込まれているので、私たちには失敗は許されない、まして、今メシアが来られている。メシアを助けメシアとともに摂理を進めることが神の願いであり、自分たちの責任であるとして、目標達成のために寝食を忘れて一生懸命に頑張るのである。

また、これらの数字はあらゆることに活用されている。例えば修練会の日数もその一つである。四日修練会、七日修練会（カープ）、二一日修練会、四〇日修練会（カープ）などである。これは教育を担当するスタッフに強い使命感を持たせることに使われている。スタッフは、この神の示す数理的期間中に、この修練会の目的である「受講生を仕上げる」ために身を粉にして教育に取り組むのである。また、この数字、数理的期間は信者の信仰生活の中にも根づいている。信者は蕩減生活を余儀なくされており、この蕩減をする際、蕩減条件を立てるのであるが、自己犠牲を払う内容と「期間」を定めて行われるのである。それによって自分の伝道した人が途中で止めないで四日修練会まで進みますようにと願いを立てて、「睡眠時間を四〇分削って、『原理講論』[*2]を七ページ読み、残りを祈りの時間にあてる。そのことを二一日間行う」という具合である。

統一協会がいかに数字を使って信者をコントロールしているかを、いくつかの例を出して説明してきたが、この数字・数理期間が虚数であると信者が知った時はショックである。信仰の基《もとい》が揺らぐばかりか、数理の神の存在にも疑問を抱きかねない。そして、この虚数を繋ぎ合わせていって、最後の再臨主文鮮明が登場するというカラクリも分ってしまうのである。協会上層部もその辺のことをよく心得ていて、信者に間違いを悟らせないために、いろいろと口実をつけて免疫講義を施している（内部では〝反牧対策〟と呼ばれている）。ここで長々と対策の内容は紹介しないが、所詮は聖書や世界史に記述されている数字を隠して捏造した虚数によって成り立っている「摂理的同時性の時代の対照表」である。例えば旧約時代の四千年にしても、『講論』は聖書の歴史を基にして導き出した数字・数理期間であると言っているのであるから、聖書を検証さえすればその虚数はあばかれてしまうのである。それを恐れて協会幹部は、「聖書の歴史の裏に隠れている真実を明らかにした」とか「あくまでも象徴的数字である」と信者に〝対策〟を施しているが、聖書を見ると〝表〟にはっきりと〝実数〟が記述されているのである。

＊1　統一協会の教えでは、三、四、七、一二、四〇などの数字に特別な意味を持たせている。三数は「天の数または完成数」とか、四数は「地の数」、一二数二一数も「完成数」として捉えられていて、この数に到達すると完成したとなる。四〇数は本来サタン数としていて、良い数字ではないが、逆にその四〇日間を耐え忍べばサタンを屈服させて勝利に転換されるとして、

サタン分立数と呼ばれ、しばしば使われる。

＊2　数字を振りかざす教えは、オカルト的、迷信的であり、人々の判断を麻痺させることになる。また人間の理性の働きを停止させ、盲目的な信仰に陥らせることになる。

⒀「摂理的同時性から見た復帰摂理時代と復帰摂理延長時代」

この章には何が書かれているかというと「同時性」の二列目と三列目の時代（七八頁の図）のことを述べているのである。まず二列目はアブラハムから始まった復帰摂理時代の摂理をなしてきた中心民族はイスラエルの選民（神に選ばれた民族）であり、従ってイスラエル民族史はこの時代における史料（歴史の材料）となると述べている。この意味は、人類始祖が堕落し、その後立て直すために頑張ったが失敗した（一列目の時代）ので、今度は二列目の時代で神から選ばれたイスラエル民族が立て直す役割を担うことになった、と言っている。何をどのようにしたかは省略するが、当然失敗の連続である。しかしメシア降臨の準備が整わないのに、突然二列目の最後にイエスが登場する。そのイエスもイスラエル民族の不信で十字架で亡くなり、失敗となる。二列目の時代が失敗したので、復帰摂理は延長して、三列目の時代に入っていく。今度の建て直しの役割はキリスト教信徒が担うことになったとしている。ここも何をどのようにやったかは省略するが、当然失敗の連続である。しかしメシア降臨の条件が整わないのに「再臨主文鮮明」が最後に登場するのである。

(14)「メシア再降臨準備時代」

これは「再臨主」を迎えるための準備をする時代のことを言っている。その準備は四〇〇年前から始まり、その間に様々なことが起きて「再臨主」が登場するに相応しい環境が整っていった、と言いたいのである。要するに「再臨主文鮮明」が現われるべくして現われたと思わせる布石づくりをしたいのである。

そのために歴史的な出来事に様々な口実をつけて、舞台作りに利用する。何をどう利用しているかは省略するが、全てこじつけである。

(15)「再臨論」

これは文鮮明が「再臨主」であることを様々な角度から証明している章である。

第一節　イエスはいつ再臨されるのか。

第二節　イエスはいかに再臨されるか。

第三節　イエスはどこに再臨されるか。

第四節　同時性から見たイエス当時と今日。

第五節　言語混乱の原因とその統一の必然性

各節で『講論』が長々と主張していることは省略するが、これもまた聖書を曲解したり聖書と逆のことを言ったり、韓国の歴史を捏造して、文鮮明こそが再臨主であると証明しようとしている。ここでは聖句が数多く引用されているので、聖書をしっかり読みさえすれば誤りが分る。そして協会が決して信者に見せない箇所も指摘してあげることである。それは、イエスが何度も自分自身が再臨するとはっきりと述べていることである。また、イエスの再臨する本当の意味あいも示してあげることである。

また聖書は、再臨のキリストが「ここにいる」「あそこにいる」などと騒ぐ者にかぎって偽者だと言っているし、聖書のどこをどう読んでみても韓国に再臨のイエスが現われるなどと書かれているはずがない。「再臨論」を検証すればするほど、文鮮明が偽メシアであると証明できるのである。

⒃ 修練会後の受講生の思考

修練会で受講生がマインドコントロールされると、次頁の図のような思考になってしまう。

（理想と現実世界）

⒄ 図１　善悪二元論

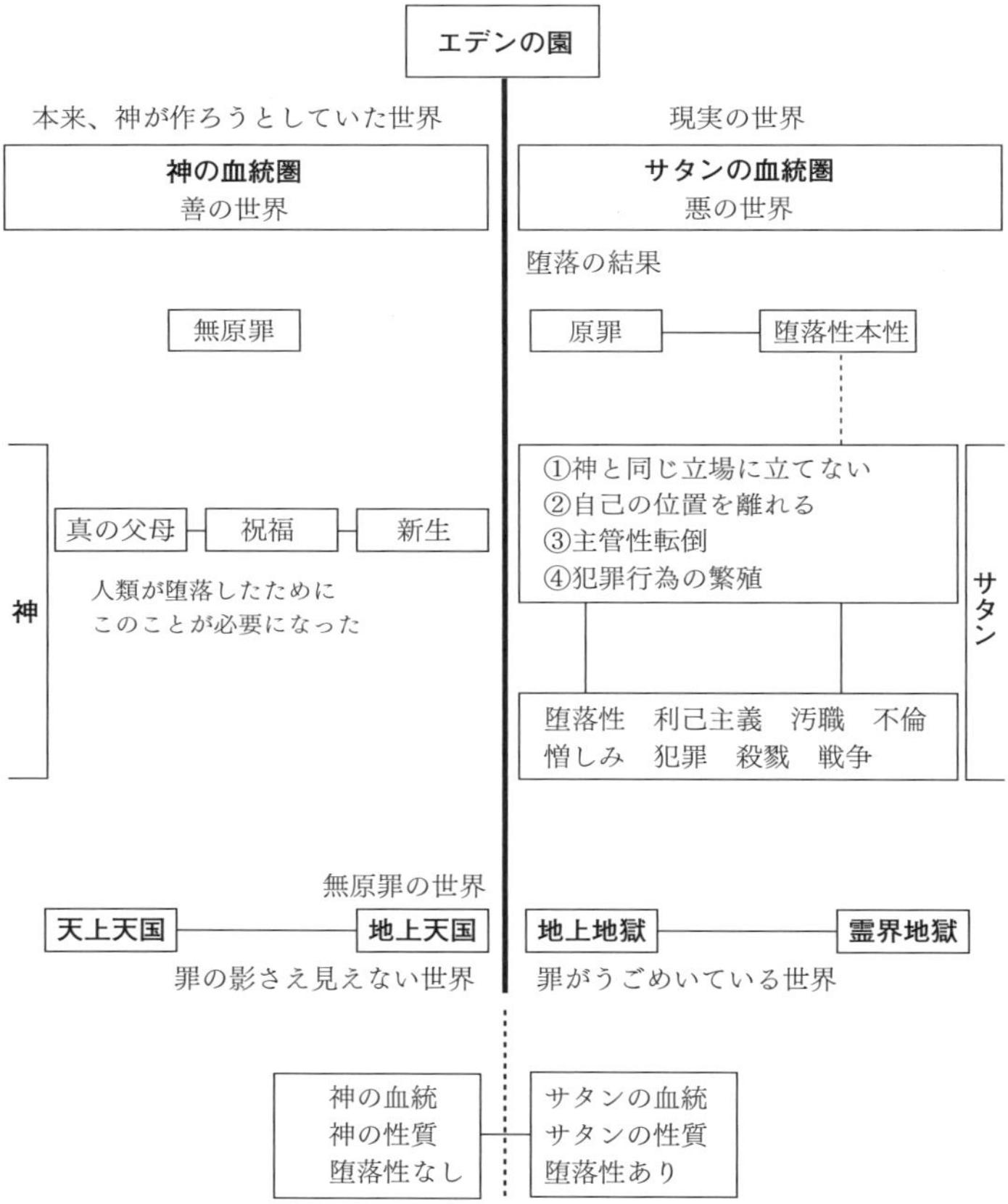

エデンの園
本来、神が作ろうとしていた世界
現実の世界
神の血統圏
善の世界
サタンの血統圏
悪の世界
堕落の結果
無原罪
原罪
堕落性本性
①神と同じ立場に立てない
②自己の位置を離れる
③主管性転倒
④犯罪行為の繁殖
神
真の父母
祝福
新生
人類が堕落したために
このことが必要になった
サタン
堕落性　利己主義　汚職　不倫
憎しみ　犯罪　殺戮　戦争
無原罪の世界
天上天国
地上天国
地上地獄
霊界地獄
罪の影さえ見えない世界
罪がうごめいている世界
神の血統
神の性質
堕落性なし
サタンの血統
サタンの性質
堕落性あり

⒅ 図２　善悪二元論

悪（不幸）	善（幸せ）
サタン	神
堕落人間（悪人）	完成人間（善人）
サタンの血統、要素、知恵	神の血統、要素、知恵
堕落性	堕落性全くなし
邪心（悪心）	本心（良心）
心と体が分離	心と体が一体
悪霊人（真っ黒）	生霊体（光り輝く）
サタンの愛	神中心の愛（真の愛）
サタン世界（現実世界）	神の国（理想世界）
非原理（外界）	原理（統一協会）
地上地獄→霊界地獄	地上天国→天上天国
偽りの父母（肉の親）	真の父母（文鮮明夫妻）
汚	聖
戦争	平和
共産主義	民主主義
無神論（唯物論）	唯神論
人情	天情（神に対する情）
サタンの法律（この世の法律）	天法（統一協会の法律）

⒆ 図３　人類の堕落と地上天国への道程

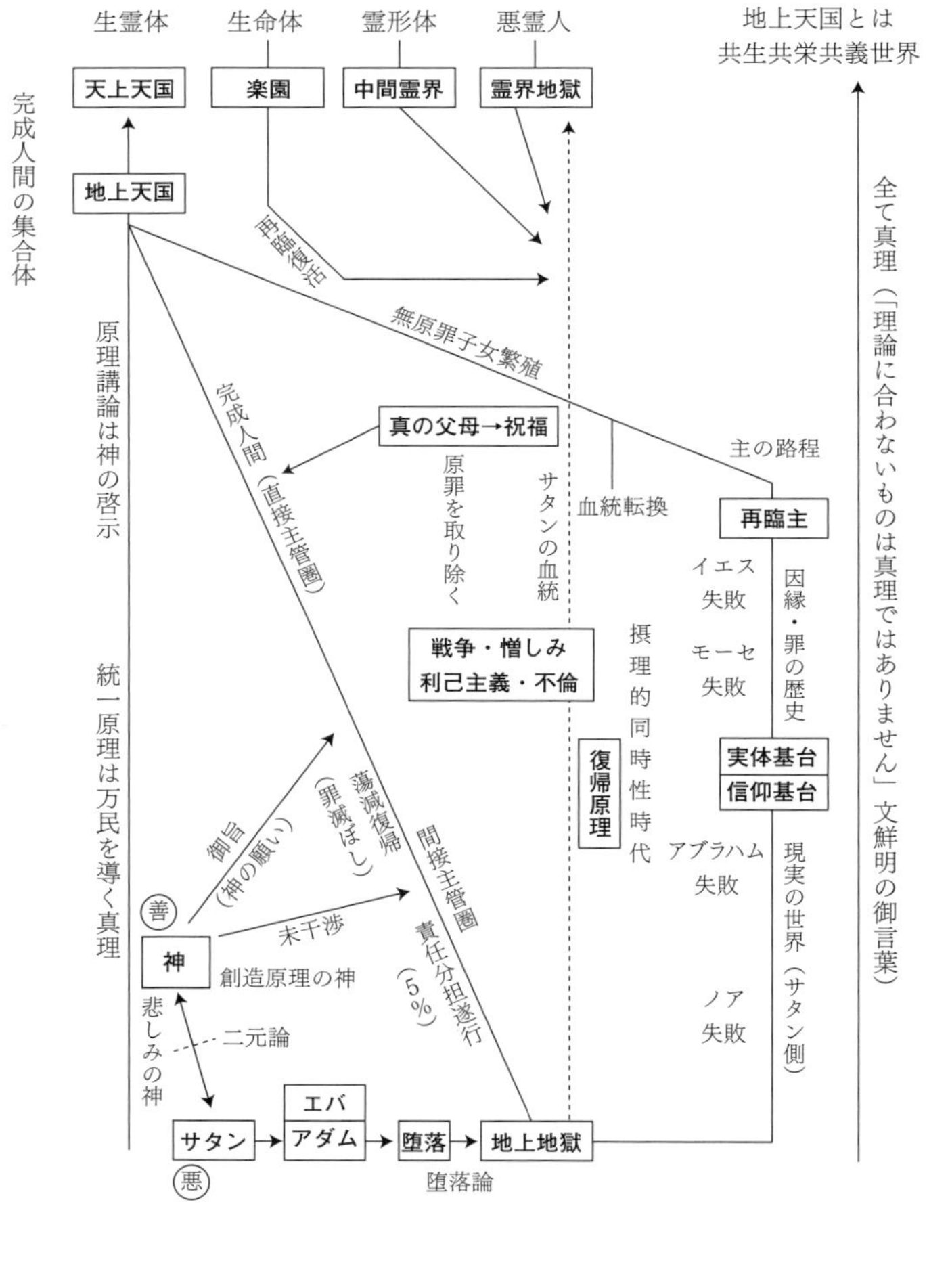

(20) 修練会の狙い

以上簡単に統一協会の教理を説明してきたが、これらの教えを各修練会、トレーニングを通じて徹底的に反復して教え込む内容は、量的に違うだけで質的にはさほど変らない。その際講師は教理を分りやすく黒板に書き、感情を込めながら語り続ける。受講生はそれを聞き、自分のノートに忠実に写さなければならない。

受講生が教理に疑問を持っても、質問はできない雰囲気にされている。もし質問をしてもスタッフはすぐさま「そのことは先に進んで行くといずれ分ることですよ」と遮ってしまう。このような一方的な詰め込み教育ばかりだと受講生が抵抗感を持つので、協会は心のバランスを計るために、講義以外の時間に解放感に浸れるように、様々な工夫をしている。皆で歌を唄ったり、ゲームやサッカーをしたりと、楽しい合宿のような雰囲気を作り出す。それによって受講生はその共同生活を、苦しいこともあるが、とても張り合いがあって楽しい、という気持ちになっていく。

長い期間の修練会やトレーニングに入っていくと、物売りや伝道などの実践も加わってくるが、その苦労も素晴しい自己犠牲であるように思えてくるし、それは地上天国を作るための苦しみであると、快感すら覚える人も出てくる。

受講生をこのような思考・心理状態にさせるために、教育スタッフの存在は欠かせない。彼らは常に親身になって接し、励ましたりしかったり、兄や姉の役割を演じるのである。その結果、受講生はこんな素晴しい先輩が信じている宗教だから、間違いのない教えであると確信を持ってしまうのである。

㉑ 信じることの原点

広瀬鉄平（仮名）

第三者の立場で見たならば、どこからどう見てもおかしいような統一協会に何故入るのか、そういう疑問を持つでしょう。とはいえ私の場合は統一協会なるものをそれ程よく知らずに入ってしまった。

誰でも自分の職場を捨てて他の方向へいくとすれば、それなりの下調べをするものかもしれないが、そんな事もしなかった。しかし、そこへ行ってやれる自信や確信は十分にあった。何故そう考えるようになっていったかというと、まず一つには、あまり表面的なことにはこだわらないように協会で教え込まれていたということがある。

そして「原理というのは社会全般や歴史までもひっくり返す考え方であり、今までにない新しい理論である。それはまず〈神が創るべき理想世界〉があり、それはまさに天国であった。しかしその創造の中で〈ある失敗〉を生じた、歴史はその失敗を償うべく延々と続いているというのである。そして現在ある社会はその一つの過程的段階であり、神が理想とするそれとは程遠いのである」。

この考え方が歴史を否定し、社会を否定し、一般的常識を否定するということを理論づけているわけである。確かに此の世の諸悪を並べれば言い尽くせない程である。それがこの理論を立証する根拠とは成り得ないが、これらの諸悪を何とかしたいという正義感を起こさせる教え方をしているのである。

原理では、人が堕落人間から神の子へと生まれ変わり、全ての人々がキリスト、イエスのようになればそこは天国のようになるという考え方である。しかしそれは、屋根の上に登りイエスの再臨を待ち続けるよりも非現実的で、スーパーマンの映画を見て屋上から飛び降りた少年よりも非科学的考え方であることが、今では理解できるが、それでも私は人がその罪を取り除き生まれ変わるという原理を信じ、いや信じようとし続けていたのかも知れない。

これらのこと、「原罪を解決するための復帰の歴史」という考え方を信じることの原点にしていたように思う。

第四章　統一協会の修練会での狙い

——信者の善悪の判断基準を転換するのが最大の目的

カウンセラー

なぜ真面目だった人が平然と嘘を言ったりインチキ募金で人を騙したりするようになってしまうのか。それは協会の修練会によって「変身」させられてしまうからである。それではどのように「変身・転換」させられるのか、そのメカニズムを示していきたい。

1　神を利用する手法

修練会に参加した受講生に、講師は原理講義案（『原理講論』を基に作成されたもの）を使って講義を進めていくのであるが、『原理講論』（以下『講論』）にはこう書かれている。

「……神の創造目的を成就する行為とか、その行為の結果を善といい、サタンを中心として四位基台（家庭）を造成して、神の創造目的に反する目的のための行為をなすこと、またその行為の結果を悪というのである」（七三頁「(2) 善と悪」）

簡単に言うと、神の創造目的を成就する行為や結果を〝善〟といい、神の創造目的に反する行為や結果を〝悪〟と定義している。ではその「創造目的」とは何を意味しているのだろう。

「……神が被造世界を創造なさった目的は、人間をはじめすべての被造物が神を中心とした四位基台（家庭）を完成し、三大祝福[*1]のみ言[*2]を成就して、天国をつくることにより、善の目的が完成されたのを見て、喜び、楽しまれるところにあったのである」（六四頁「(1) 被造世界を創造された目的」）

『講論』によれば、神は人間を創造し、人間自らの責任によって人格完成し、家庭をつくり、子を増し、この地上の天国を創造することにより神の創造を一〇〇%完成させ、それを見て喜ぶことが創造の目的だと言っている。しかし、人類の始祖であるアダムとエバが天使長ルーシエルと悪の血縁関係を結ぶことにより堕落し、この世は悪主体の世界となってしまった。それゆえに、人類の歴史は神の創造目的を復帰（堕落以前の状態に戻し完成すること）する歴史となり、その悪主体の世界を救済するために神はメシア（文鮮明）を送り、神のみ旨（願い）を万民に伝えるために統一協会を組織し、神の再創造の摂理（堕落人を完成人間に転換させて地上天国を実現する）を成就するために働いているのだと教えている。

すなわち、この悪主体の世界において、復帰の観点から、全き善なる神の再創造の目的のための行為や結果を〝善〟といい、再創造の目的に反する目的のための行為や結果が〝悪〟となる。

神が存在するならば、その神が全き善の存在であるということに疑問を持つ人は少ないであろう。問題となるのは「では誰がその意図を知ることができるのか？」ということである。それは「この真理はあくまでも神の啓示をもって、我々の前に現われなければならないのである。しかるに神は既にこの地上に、このような人生と宇宙の根本問題を解決させるために、一人のお方を遣わし給うたのである。そのお方こそ、すなわち文鮮明先生である。……そうして、イエスをはじめ、楽園の多くの聖賢たちと自由に接触し、ひそかに神と霊交なさることによって天倫の秘密を明らかにされたのである」（三八頁「総序」）とされる文鮮明しかいないのである。だから、神の意図を知りうる唯一の存在としての文鮮明と統一協会が行う再創造、すなわち堕落人間を善なる人間に転換させ地上天国を実現するための活動の全ては善となる。

こういう教えから、統一協会は文鮮明を頂点として、思うがままに動かすことができる。しかもその活動の全ては「神のみ旨」という大義名分のついた〝善〟の行為として認知されるのである。また〝善と悪〟は、はっきりと区別される。統一協会が〝善〟であり、それに反対する勢力は〝悪〟なのである。

アベル（上司）の命令に従うことが〝善〟であり、反抗することは〝悪〟となる。霊感商法もインチキ募金も、人を騙すという誰が見ても悪なる行為であっても「大善のためには小悪は許される」とされ、最終的に統一協会のためになる行為はすべて善とされるのである。

信者は初期の段階では人を騙すことに抵抗を感じる。しかしこの教義を心と体で理解（祈禱や万物復帰等を通じて悲しみの神を実感）すると心が痛まなくなってしまう。それどころか実績が積めないと神に申し訳ないと、逆に心が痛むようになるのである。統一協会の教義の恐ろしさは、まさにここにある。外から見れば容易に犯罪と分る行為であっても、信者達は〝善〟と信じて活動し続けるのである。

＊1　**み言**――神の語った言葉。統一協会では文鮮明の語ったことも「みことば」という。
＊2　**三大祝福**――「生めよ、ふえよ、地に満ちよ……」（聖書「創世記」一章28節）を根拠として、①個性完成（人格完成）、②子女繁殖（子供を生み増やす）、③万物主管（全ての被造物を支配・管理すること）の三つに神の創造目的が要約されているとしている。

2　ウソを正当化する手法

『講論』は先に述べた論理を正当化するために、聖書を曲解して悪用する。聖書の「創世記」第十二章にアブラハムという人物が登場するが、妻を連れてエジプトに行った際、彼は王様が美しい妻を見て、自分を殺して妻を奪うと思い込み、自分の妻を妹だと偽るという条りがある。これは聖書をすなおに読むとアブラハムの命乞いであり、恥ずべき行為なのであるが、『講論』はこのことを神のみ旨のための行為であり、善であるとする。そしてアダムの家庭が失敗したことは罪滅ぼししたこととなり、メシアが降臨するための一つの条件を満たし、地上天国に一歩前進したとする。

前述した聖書の条りは、続いて、王様はアブラハムの妻であると知って自分の妻とはせずに返してくれる。この章はこれで終りなのであるが、『講論』はそこに勝手に手を加えて、妻を返す際に多くの財物も一緒に得ることができたと創作する。ここでもアブラハムを神側（善）に、王様をサタン側（悪）に位置づけている。『講論』の言い分をまとめると、サタン側であるエジプトの王様からいかなる方法（妻を妹だと偽る）をもってしても万物（財物）を復帰（奪う）[*1]することは善であり、そのことによって、神の願いである地上天国に一歩近づくことができたとする。結局、アブラハムは神の側に立って善なる行為をしたことになるのである。アブラハムの命乞いから出た嘘（妻を妹だと偽る恥ずべき行為）を立派な〝善の行為〟とすり替えてしまう『講論』の手法である。

受講生は『講論』が聖書を曲解した書物だとはまったく気づくことなく、アブラハムの〝神のみ旨のための嘘を立派な善の行為〟として受け入れ、同じ行為をしていくのである。

講論の狙いをまとめると次のようになる。

○サタン側から万物復帰をするのに、神側に立った「嘘、騙し」は許される。
○サタン側から万物復帰をするのに、いかなる方法をもってしても良いと思わせる。
○それが聖書に実証されていると信じ込ませる。『講論』と聖書の神は同一だと思わせる。
○サタンの法律（この世の法律）を破ることは、罪にならない。自分たちは神の側に立っているし、天の法律によって守られていると思わせる。

＊1「**万物復帰**」――すべての物は神が造ったものであるが、人類の始祖であるアダムとエバの堕落によって、人間も物もサタンの支配下に入ってしまった。そして人間はそれ以後物より下の地位になってしまった。物以下の人間が物以上になるためには、サタンの支配化にあるすべての物（万物）を神側に取り戻さなくてはならない。この万物を神側（統一協会）に取り戻す行為を万物復帰といい、実際は資金獲得活動を総称した用語となっている。

3　騙しを正当化する手法

更に『講論』は聖書に登場する人物の誤った行為を、あたかも神のみ旨にかなったことであるかのようにすり替えていく。

次はヤコブという人物（アブラハムの孫）のことである。ここでの登場人物はヤコブ（弟）とエサウ（兄）、イサク（父）、リベカ（母）である。聖書の「創世記」第二七章を読むと、ヤコブが母親と仕組んで目の見えなくなった父親を騙し、本来兄のエサウに渡るべき長子権（財産の相続権）を奪うという物語である。これは聖書をすなおに読むと、ずるがしこいヤコブと、えこひいきな母親リベカ、騙されて嘆く父親イサク、長子権を奪われて怒るエサウが描かれているのであるが、これを『講論』は弟ヤコブを神側（善）、兄エサウをサタン側（悪）に位置づけて万物復帰の論理をあてはめ、サタン側(悪)から万物(財産)を復帰(奪う)するのは、いかなる方法(嘘、騙し)をもってしても良い、神側(善)に取り戻して当然であり、それによって先祖が失敗したことの罪滅ぼしができ、地上天国へ一歩前進したとする。結局ヤコブの行為は、神の側に立って善なることをしたのだ、となる。〝騙して奪いとることを立派な善の行為〟にすり替えてしまう『講論』の手法である。特にこのずるがしこいヤコブは、協会内では歴史上の勝利者として称えられているのだから驚きである。

そしてこの恐しい教えから、長子権(財産)を得るためには親をも偽って良いとして、信者が親を騙して金品を奪い取るということを実際に行っている。

統一協会は神の名のもと、嘘と騙しを正当化するために、今まで述べてきたことを修練会、トレーニング等を通じて受講生にくり返し教え込んでいくのである。その際、受講生に聖書は与えても、関係する箇所を全面的には決して見せない。あくまでも『講論』主体で進めていくのである。時折聖書を〝一行程〟見せるだけである。〝行〟の前後とか全章を読ませてしまっては『講論』のトリックがばれてしまうからである。

4　教祖の御言葉も悪を正当化

こうして、神のためなら「嘘も騙しも」善なる行為と信じてしまった受講生(信者)に、教祖文鮮明は神の代弁者としてこう語りかける。

○「世の中すべての万物を神の所有にしなければなりません。神の所有にすべきなのに、それを失ってしまったのですから、再び取り戻すべき責任が私たちにあるのです。すべての万物を取り戻して、神様の前に捧げなければならないのです」

○「神様の立場を考えなさい。神様はすべてを失ったのです。サタンがすべてを主管（支配・所有）してしまいました……それを取り戻していかなければなりません」

○「私たちはアブノーマル（異常）な方向を探さなければなりません」

○「天国の法廷で無罪となれば、今までのすべてのものを越えてしまいます」

○「この世的に見れば、文先生（自分自身）のやり方は最悪ですが、天的に見ればそれは最善のことなのです」

○「統一協会、文鮮明は後で天が認定するでありましょう」

○「我々は、この世の習慣を否定して、蕩滅復帰（罪滅し）の道を歩まなければなりません」

神の送ったメシアがこう語るのだから、受講生（信者）は修練会で学んだ教え（神のみ旨のための嘘と騙しは、立派な善なる行為）は間違いのない真理だと、更に確信を深めることになる。よもや修練会で善悪の判断基準が転換されているとは思わないし、文鮮明が詐欺師だとは気がつかないのである。

更に文鮮明は、呪いや霊界の話を持ち出してこう語りかける。

○「統一協会、文先生に反対した人が良くなるかどうか、見てごらんなさい。三代、四代にわたって見てごらんなさい。必ずその子供には不具者が生まれたり、気違いが生まれたりするでしょう。……家門が、後孫が口で言い難いほど滅亡の巣窟と化すでしょう」

○「この方式に対して不平をいう人はすでに下降線をたどっている人です。下降して行く先はどこですか、地獄です」（以上「御言葉集」より抜粋）

受講生（信者）は善悪の判断基準を転換されたあげく、最後の仕上げは、霊界の脅しである。だから統一協会から離れることができなくされてしまうのである。

協会の月刊誌『ファミリー』には毎回、文鮮明の「御言葉」が掲載されているが、そこには次のようなことが述べられている。

「統一協会が〝善〟であるのは、統一協会の目標が人類と神を救済することであり、そのために自らを犠牲にして献身するということにあるからです。わたしはその目的のためにあなた方青年を統一協会に導き、神と人類のために犠牲になることを教えるのです。だから私たちは〝善〟であるのです」と、善のために犠牲になれと強調している。信者は文鮮明の期待に応えるべく「善」のために今日もまた、身を粉にして犯罪行為に加担していくのである。

5　インチキ募金を正当化する手法

信者にインチキ難民募金をさせる場合、協会幹部は次のようなことを語りかける。
「難民にミルクや毛布を与えても、その場限りであり、根本的な問題解決にはならない。それよりも摂理を進展（そのことに金を回す）させて地上天国を実現すると、全ての人が救われる（この世の全ての問題が解決する）から、インチキ募金といわれようと、最終的に救われれば善である」

修練会ですでに善悪の判断基準を転換されている信者は、このような協会幹部の話を聞いて、もっともだと納得してしまう。修練会の〝基礎教育〟が生きているのである。アベル（上司）がアブラハムやヤコブのように信仰を働かせて（嘘・騙しを行使して）、万物を復帰して（奪って）きなさいと信者に語りかけると、教義を思い起して（み旨のための嘘と騙しは善なることとして）犯罪行為に走り出すのである。献身しても、まだ少し理性が残っていて、犯罪行為に抵抗を感じている信者に対して、協会幹部は「現世（この世の考え）を断ち切れ」と叱咤する。しまいには「統一協会では非常識が常識である」とか「信じがたきことを信じるのが信仰である」と指導していき、わずかに残っていた理性をも打ち砕いていくのである。

6　神に尽すことは犯罪を積み重ねること

協会幹部は実績を上げた信者（人々から多くのお金を騙し取った者）のことを全信者の前で「み旨（神の願い）を心から理解し、完全投入した（一心不乱に頑張った）結果です。本当に信仰の基準（レベル）が高いね」と賞賛する。実績の積めなかった信者はそれを聞いて、自分は信仰の基準が低いと感じ、神に申し訳ないという気持になり、実績を積むことこそが神を喜ばせ、立派な信仰者になる道だと思い込む。結局それは、多くの犯罪を積み重ねることになっていく。協会幹部は実績を上げた信者を利用して、全信者に〝立派な犯罪者〟になれと奨励しているのである。

7　霊界の活用

協会幹部は信者に対して、この世で救われないで他界した先祖達はあなたを見守り、期待している。あなたが頑張って実績を上げれば、先祖を喜ばせ、救いに繋がる。それは同時に地上天国実現に貢献していることになる。地上天国が実現すれば霊界も天国一色になる。そうなればあなたの先祖のみならず全霊人を救うことになる。たとえ地上天国が形成される前にあなたが死んだとしても、あなたの先祖達は喜んで迎えてくれて「あなたが頑張ってくれたお陰で霊界での地位が上がることができました。本当にありがとう、と言われる」と語るので、信者は実績を上げることは先祖の救いに繋がると真剣に信じて日々頑張るのである。

そして教祖の「この方式（この道）に不平を言うと地獄行き」という威圧も加わって、信者はもう逃れるすべはないのである。

8　アベル・カインの教え

アダムとエバが「堕落」した後、その失敗を修復して元に戻れるチャンスはあったと『講論』は述べている。それはアダムの家族の二人の子供が担うべきであり、カイン（長男）がアベル（弟）に屈伏して従うことであった。ところがカインはアベルを殺してしまう。カインがアベルに従ってさえいれば、人類はそこで人類始祖の失敗を取り戻して、容易に地上天国が形成された（『講論』の解釈）。そう考えると、カインがアベルに従わなかったことはどんなに罪深いことであろうか。協会はこの教えをアダム家庭の大失敗の教訓として、信者（カイン）は上司（アベル）の指示命令に対して絶対に従わなければならないとし、アベル・カイン（上司の命令に服従する義務）と呼び、信仰生活の基本にしている。そしてアベルに言われることに従順であることがカインの当然の義務であり、正しいことであるとする。また協会の人間関係のすべては、カイン（部下）はアベル（上司）に屈伏して従うことによってのみ解決されるべきである、と教えている。協会はこの教えを信仰の基本と規定することによって、アベルを使って信者の全て（犯罪行為、労働時間、プライバシーの告白、日常生活での報告・連絡・相談など）を自由にコントロールできるし、絶対的に服従させて奴隷化することができるのである。

話を本題に戻すと、信者を犯罪行為に走らせる理由の一つとしてこのアベル・カインの教えは見逃せない。無論このアベルに指示命令を出しているのは頂点にいる神であり、文鮮明である。この場合の関係は文鮮明がアベルであり、信者の上司はカインの立場に変る。つまり協会は絶対主義的な「主従の関係」で成り立っているのである。

9　アブラハムの「イサク献祭」は信仰者の手本

復帰摂理のなかに、アブラハムが一人息子のイサクを神に献祭（ささげもの）しようと決意する場面がある。愛する一人息子を神の指示によって供物として捧げようとしたアブラハムの神への忠誠心は「献祭の成功」となり、摂理の前進に繋がったと『講論』は述べている。協会は、このアブラハムの神への絶対的信仰こそが、信仰者の手本であるとして、自分の一番大切なものを神（協会）のために犠牲（捧げる）にせよと信者に教える（汝のイサクを捧げよという）。そしてこの教えこそが万物復帰の基本的な考え方として使われていくのである（霊感商法に携わる者にも同様の教えを施す）。

「万物復帰の教え」に、原罪によって万物以下に堕落した人間は、万物を神に捧げることによってのみ神のもとへ復帰（戻る）することができるし、堕落人間は蕩減復帰（罪滅しを続けて原点に戻る）をすることなしには完成できない。そのための条件は神への供物である。供物は自分の血と汗と涙の結晶を喜びと感謝をもって神の前に捧げることである、と教える。信者はこれらの教えによって、献身前に全てのお金を献祭（献金）してしまうし、献身後は万物復帰（物売り）で得たお金を一円残らず神（協会）に捧げてしまうようになる。

10　非常識を常識に転換させる手法

協会の活動内容は伝道と経済、つまり人増やしと金儲けである。それは組織の拡大であり、利益の増加である。上層部の狙いはそこにある。従って、信者の生活とは、組織の拡大と利益の増大、そして組織の防衛のための教育の連続である。そして教義に基づく信仰生活は蕩減復帰（罪滅しをして完成に向う道程）のための理想的な場でなければならない。その中でまずアダム家庭を復帰（二度と誤りを繰り返さないための行いを）させること、信者たちはこのアダム家庭のことを何度も講義される。つまり一つはアダム・エバ（不倫による堕落）であり、もう一つはアベル・カインである。

アダムとエバを復帰するとは、唯一の男女を結び付けられる文鮮明の術を絶対的なものにするために不倫を戒め、協会内部における恋愛や男女関係のトラブルをなくすることである。そして曲者なのがアベル・カインである。協会ではアベル（上司）とカイン（部下）を人間関係の基本として、愛をもってカインを屈伏させるための訓練だとする。しかしこの理論の中には一つのトリックがある。それは騙しや反逆や裏切りを正当化し、手段を選ばぬ天国造りに熱狂させることである。

協会ではインチキ募金や騙すための霊感商法や脱税などの違法な行為をする。しかし、これらは天国を造るためにはやむを得ないことであり、動機が正しければ嘘を言っても神は許してくださるとして、これらの行為を天の法則にかなったことだと教える。そして次に示す教義を引き合いに出して、犯罪を正当化する根拠として使う。

【図】

堕落の事由		復帰の経路
○ヘビ(ルーシェル)はエバをだまして堕落させた	←	ヤコブは兄エサウに化けて父イサクを騙す。
○エバはアダムを騙した	←	アブラハムはエジプト王パロに妻を妹だと偽る。
○カインはアベルを殺した	←	モーゼはエジプト人を殺す。

＊犯した罪の罪滅ぼしするのに、また罪を犯すことが罪滅ぼしとなる、おそるべき論理

これらが統一協会のいう天国の法則の根拠である。復帰の経路は堕落の逆順である。アダム家庭の復帰の中には、騙しや反逆を肯定する論理があり、霊感商法をやった人なら、家系図解きの中で、ありもしないことをでっち上げてトークすることがあることをよく知っているが、それは彼等にとっては天の法則にかなったことである。それに「セールスは個性完成のためのよい訓練の場」という教えがあるので、なおさら努力するようになる。

一般的に非常識なことを正当化し社会を否定的にみせ、反対するものの言うことを信じなくさせる。協会生活はそのための訓練の場であり、信者をそのように飼い慣らす環境が作られている。協会は信者に、非常識と言われることを常識だと信じ込ませて犯罪を行わせるのが最大の目的なのである。

11「摂理進展のために万物復帰は必要不可欠」

神のみ旨（願い）である地上天国は、歴史上の中心人物たちの責任分担未遂によって実現せず、摂理が延長されてきた。しかし、今メシア（文鮮明）が降臨し、メシアを中心として今度こそ地上天国を実現すべき時である。もう失敗は許されない。メシアもそれをよく心得ていて、睡眠時間を削って摂理進展のために世界中を飛び回っている。しかし世界の人々を一人一人伝道して祝福を与え、血統転換して地上天国を実現するということは、物理的に困難である。そこで各国の政治指導者、著名人、宗教指導者に伝道し、彼等の権威・影響力を使ってその国の人々に丸ごと伝道する。その方法こそが現実的な早期地上天国実現論である。

そのためにまず各国の指導者に伝道するに相応しい場を設けなければならない。そしてその場を利用してメシア（文鮮明）が統一原理・統一思想を語れば、必ずや受け入れられる。それもそれらのイベントを数多く開催する方が効果があるとして、世界言論人会議、世界宗教者会議、世界教授アカデミーなどを作り〝活発〟に会議を催し、メシアの語る場面を増している。これが偉大なるメシアの考えた早期地上天国実現論であると、協会幹部は末端信者に熱っぽく語り、メシアの偉大さと、地上天国近しと思わせる。そして、イベント開催のためには多くの金が掛かる（会場費、出席者の旅費・宿泊費等）ので信者からの多くの献金が必要である、信者が献金を多くすればする程、地上天国が早まる、という論法を用いるのである。そのため、信者は万物復帰に狂走することになっていく。そのやり方も手段を選ばぬインチキ募金、詐欺商法である。

12 「エバ国家日本」の役割

＊世界の国の中から中心となる二つの国を選んでいる。
また国単位での「アダム」と「エバ」を選んでいる。

エバ国家日本はアダム国家韓国に貢ぐことを義務づけられている。韓国がアダム国家である理由は、神に選ばれた民族の国であり、世界に真理を発信したメシアの国であるからだとする。日本がエバ国家である理由は、朝鮮を植民地にして多くの人民を苦しめてきた事実、そして敗戦によって焼け野原と化したものの、その後復興して経済大国になった、これはメシア（文鮮明）が神に日本の罪をとりなし、エバ国家として神に認めさせてくれたからであるとする。エバ国家の使命は、摂理のための経済（金）と人材（労働奉仕）の提供である（恩を返すために、女は男に従えという男尊女卑の考え方）。最近、日本はエバ国家から母の国に昇格したらしいが、本質は何も変わっていない。

この、エバ国家に指名されたということは、実は教義上深い意味を持っている。「堕落論」ではエバは二度堕落している。したがって罪滅しは厳しく、多くが求められるが、エバ（国家単位では日本人全体）は神とアダム（国家）に全面的に屈伏し、従うことが蕩減の条件となる。

エバは妻の立場でもある。妻としてアダムと一体化して、これを支えなければならない。具体的にはメシア（文鮮明）と一体をなし、支えきるのがエバ（国家）たる日本人の責任である。また、エバは母である。母としては、子女の教育のため、すなわち世界の真理を知らない人たちにそれを伝えるために、神とメシアの代身として世界宣教に出て行く務めがある。

以上のとおり、金と人物の両面で韓国と全世界の統一協会を支えることがエバ国家日本の責任であり、日本人に多く伝道して信者とし、その信者を全世界に送り出していくこと、日本で莫大な資金を調達して、それを全世界に供給していくこと、それがエバ国家日本の使命だということになる。こういう教えがあるからこそ、信者は奴隷のごとく犯罪行為に狂走するのである。

13　殺人を正当化する手法

統一協会にはもう一つ恐るべき教えが存在する。これは『講論』の「モーセを中心とする復帰摂理」の中で教えていることであるが、聖書のモーセの言動と神の御言葉を大いに曲解し、〝殺人は神のみ旨〟として信者に教え込んでいる。

『講論』はこう述べている。「神はモーセがエジプト人を打ち殺すことをもって『出発のための摂理』とされた……事実、これは神が御自身の民の惨状を御覧になり、憤懣やるかたない御心情を表示されたものである」（三五七頁）と。

分りやすく解説すると、「モーセは神の心情を理解し、代ってエジプト人を打ち殺した（ここでもモーセは神側、エジプト人はサタン側）。殺したがゆえにエジプトを出発（脱出）することができた」となる。続いて『講論』が述べていることを分りやすく解説すると、「殺すことによってエジプトを脱出できて→神の示す豊かなカナンの地（イスラエルのある地域）に行くことができて、地上天国へ一歩近づいた」と言っているのである。

聖書の「出エジプト」の第一章から読んでいくと、『講論』の言い分がいかにでたらめでトリックされているかが分るが、先にも述べてきた通り、受講生は聖書の全章を決して見せられることはない。『講論』の一方的言い分を読み聞かされて「神の思い、指示に従ってモーセはエジプト人を殺し、それによって脱出すること、目的地に行くことができた」と信じ込んでいるのである。結局、モーセは神の側に立ってエジプト人を殺したので、善なる行為をした、となる。なんと殺人が善になるのである。

この『講論』の恐るべき教えは、修練会の時だけで終るのではない。現代にあてはめて、この教えを引用する。例えば「神の示す豊かなカナンの地」を地上天国に見立てて、統一協会は摂理を進め地上天国を目指している。しかしそれを邪魔している勢力（反対牧師、反対ジャーナリスト、反対団体等）がいる。それは「モーセの時代のエジプト人と同じくサタン」そのものである。ゆえに彼らを始末しなければ決して摂理は進まない、と協会幹部は語る。

文鮮明も講演の中で「これからは正面攻撃時代へと入るのです。反対する人はさっさと整理する時が来ました」とか「完全にサタン圏内だから……その圏内ではいくら殺してもいいし、神様も干渉できないのです」と平然と語っているのである。こういう教えがある以上、必然的に、反対する人たちを攻撃するようになる。統一協会に批判的な牧師、ジャーナリストに強迫文を送りつけたり、手紙の中にカミソリを入れたり、無言電話を掛けたりと、さまざまな嫌がらせを実際に行っている。暴力事件も起きて報道されている。これらの恐るべき犯罪のルーツは『講論』の教えであり、教祖の「殺人の勧め」から来ている。本章の「1　神を利用する手法」で述べたように、信者の思考は統一協会が善で、反対する者は悪（サタン）になっている。

そしてサタンを殺すことは善なる行為になっているのである。

14　まとめ

統一協会とは、神と霊界を悪用し、また聖書も大いに曲解して、真面目な受講生を徹底的にマインドコントロールして、嘘と騙しを平然と行うことができる犯罪者に仕上げていく組織である。そして協会は信者に犯罪を行わせて、金を得ることが目的なのである。

以上、受講生（信者）の善悪の判断基準を転換する協会のメカニズムを、できるだけ分りやすく説明したつもりである。初めてこのような本を読まれる方には、協会の特殊用語が多く出てきて分りにくい点もあると思うが、協会の教えをできるだけ忠実に読者に理解していただくために、解説をつけながらもあえて協会用語で示した。

尚、ここで示したメカニズムは、協会の善悪の判断基準を転換する全ての手法を列記したわけではない。多くの信者が教義の間違いに気づいた後に、自分はどのようにして善悪の判断基準を転換されたかを総括するが、私はその総括した手記、時には口から発せられた内容を参考にして本書に示した。私が信者を説得する際の重要なポイントと相通じることも数多く含まれている。

また、協会のマインドコントロールの手法は、地域によって多少異なるということと、地域の協会幹部の語る内容にはそれぞれの特徴があるということも付け加えておきたい。

15　私の犯罪歴――〝ウソ〟〝騙し〟

中山啓子（仮名）

※修練会、ホーム生活を通じて、受講生・信者は善悪の判断基準を転換された結果、どのような〝ウソ〟〝騙し〟を行っていったのかを、具体的に示す元信者の手記がある。これを紹介して、彼女が小さい〝ウソ〟〝だまし〟から始まって、最後には平然と犯罪を犯す人間になっていく流れを協会の教育段階に合わせて示していく。だました相手はサタン側にいる両親であり、世の中の人々である。

○ビデオセンター入会
本当は、統一協会と言ったら誰もビデオセンターに来ないので……。
→〝統一協会〟という名を隠して伝道。
本当は、親や家族に言ったら「怪しいから止めなさい」と言われるので……。
→「誰かに言って（相談して）はいけない」「あなた自身が本当にいいものと分っていないのに、もし、反対されたら何も言えないでしょ」とごまかす。→〝陰徳善行〟（善い行いは隠れて実践してこそ徳が積まれる）にかこつけて、家族に内緒にさせる。ビデオセンターが〝善なるところ〟と信じ込ませる。

※これは協会のスタッフが〝ウソ〟〝騙し〟を彼女に行っているのだが、彼女もそれを信じて、同じことを繰り返していく。

○二日修練会、四日修練会
本当は、ビデオセンター（統一協会）主催の修練会だが……。
→「『友達と旅行に行く』ということにしたらいい」とアドバイスを受け、そのとおり実行してしまう（その口実で騙したり、会社を休む）。

○新生トレーニング・実践トレーニング
本当は友達とではなく、ホームに大勢で暮らすのだが……。
→「友達とアパート暮らしをしたい」「一人より二人の方が安い」と親をだましてアパートを変わったように見せかける（親元にいる人は「一人暮らしがしたい」と言う）。

○伝道機動隊
本当は、統一協会に入会し、仕事をしながら伝道をするのに……。
→「友達とずっとこのまま暮らすことになった」「仕事を変えた」と親をだまし、統一協会のことを隠し続ける。

○献身（万物復帰、伝道）

本当は、仕事も止めて献身し、〝ウソ〟〝だまし〟によるインチキ募金、統一協会という名を隠した伝道（違反行為）をしているのに……。

本当は、協会活動のために（上司の指示で）親からの電話を取らなかったり、人情より天情（神に対する情）優先のために、めったに家族や友達に会うことができなくなるのに……。

→「最近忙しくて夜帰るのが遅い……」「いたずら電話が多いので留守電にしてある」と言って親をだまし続けた。

○マイクロ隊（インチキ募金）六ヶ月間

本当は、マイクロで沖縄に行くのに……

→「急に、仕事の転勤で九州に行くことになった、どこに住むかはまだ決っていない。また、電話する」と親に言ったまま電話もせずに、携帯電話にかかってきても取らない。

本当は、モザンビークの救援に全て使われるわけではないと知りつつも……

→「アフリカ、モザンビークの救援活動で回っています。〝しんぜん〟の中山です。モザンビークの学校運営支援のために、皆さんにチャリティー商品の靴下やハンカチを買ってもらっています」と言う。

本当は、ほとんど買ってくれる人がいなくても……

→「みんな買っているの？」と聞かれたら、「はい、こちらの地域の皆さんは、とてもやさしい方が多くて、毎年沢山のご協力を頂いています。本当に助かっています。ありがとうございます」という言葉が自然に出てくる。

○再びホーム生活（万物復帰と伝道）

本当はホームに戻ってきていたが、親に手紙を書き、仲間に頼んで各所から投函してもらったのに……

→どこにいるかを知られないために、わざといろいろな場所から投函する。

○献金・その他

本当は摂理のための献金だが……

→「ＮＯＶＡで韓国語を学びたいから三〇万円貸して欲しい」と言って親からだまし取ろうとした。

本当は、統一協会主催の〝絵画展〟〝宝石展〟〝マナ（一和高麗人参茶）展〟〝姓名判断（印鑑展）〟で、関係者はすべて協会員で、利益はすべて文鮮明のところに送られると分かっているのに……。

→「特別に招待券をもらったから」「こんな機会はめったにないから」と言って、家族や知人友人を展示会に呼んで法外な値段の品物を買ってもらう。

→「普通に見てもらう（姓名判断）と二万円ぐらいかかる先生なんだけど、たまたま先生が私のアドレス帳を見て、○○さんは今が転換期でとても重要な時だから、今回は特別三千円で見てくれるんだって」と言って、最終的には〝開運のため〟という理由で法外な値段の印鑑を買ってもらう。

以上が私の犯罪歴です。親を始め、多くの善良な人々に心からお詫び致します。

16 統一協会の教義とその実態

統一協会は「人間は堕落したために堕落性（ウソ、騙し、等）を持ってしまった、そういう堕落人間を統一協会に導いて、堕落性を脱がせ、本心のみを持った本然の人間を再創造して、地上天国を実現することが我々の最終目的である」と言いながら、初めからウソとだましで伝道し、次から次へとウソとだましで指導していく。導かれた人々もまたそれを繰り返していく。そうしていくうちに、ついに罪悪感がなくなり、動機が良ければ（「救いのため」「神のため」「御父母様のため」なら）何をしても良い（手段、方法は気にしない）と思いこんでしまう。また、目的も「神の国を作るためなら……今は分らなくても死んだ後には霊界で感謝されるはず……」と自分の行動を、〝神〟と霊界という目に見えない存在を信じ込むことで正当化していく。そのため、心の葛藤がなくなって、心の平安が得られ、いかにも邪心が減って本心（良心）が多くなってきたかのように勘違いしている。ところが実際は、邪心が多くなり、平気で何の葛藤も、な、く、ウソ、だましができるようになっているだけなのである。本来の堕落性はそのまま残っており、むしろ〝堕落性〟を増すばかりなのである。〝ウソ〟と〝だまし〟から神の国（地上天国）の実現など不可能である。それを見ている神様（善の神、愛の神）は、このことを見てどれ程悲しんでいるだろうか……。

統一協会の実態（結果）を見ると、教義（原因）に問題があるのは明らかである。

17 救出を目指す親への提言

我が子を統一協会に奪われた親は、子供を脱会させるために、単独で親なりの説得を試みるケースがある。その際、統一協会は犯罪組織であり、その証拠としてインチキ募金、詐欺商法を行っているとして、新聞記事やその実態が書かれている書籍を読ませたり、親を騙してお金をまき上げた過去の事実を暴露することによって目覚めてくれると思い、それらを強調する。しかし、特別浅い会員ならともかく、献身してホーム生活をしているような信者は、そのような説得で教義の間違いを悟るということは皆無に等しい。親はまだ我が子に理性が残っていると思い、悪の実態を示すことで分ってくれると考えるのである。その親の気持は痛い程分るのだが、悲しいかな、もう通じない。マインドコントロールによって善悪の判断基準を転換されてしまっている信者には、この世の善悪の判断（道徳心）、この世の法律を持ち出して説得しても、もう通じない別の人格になっているのである。

本章で詳しく解説してきたように、信者の行為の動機や目的が「善なる神」のためであるので、「全て善」なのである。それゆえに信者の行う詐欺行為も、彼らにとっては善なる行為と認識されている。また、〝サタン〟に対して犯罪行為を行っても、彼らの天の法律に反することにはならない。親が統一協会が犯罪を犯している事実を示しても、脱会する動機とはならないのである。やはり善悪の判断、基準を転換されたことを聖書等に立脚して悟らせることのできる専門家に、ことをゆだねるのが賢明である。

勿論、本書を読ませて我が子に間違いを気づかせるという安易な方法も取るべきではない。むしろ反発を買うだけである。信者を目覚めさせるということは決して簡単なことではない。「教義の説得内容」及び、「家族の救出の取り組み」については第六章と第七章で詳しく述べて行きたい。

18 「愛と勇気」を訴えて夫を変えた母親の事例

我が子が統一協会に入信していることを知ったある両親が、「救済の会」に通い、協会と信者の実態を知ることとなった。母親は救出することに燃えていったが、父親はいつまでも煮え切らず消極的で、終いには「会」へ通うことも止めてしまった。母親が奮起を促すが一向に変わらない。業を煮やした母親は意を決して、ある日、夫に向かって、こう訴えた。

「お父さん、私の話を真剣に聞いてください。お父さんはいつまでも逃げている気ですか。私たちの子供が犯罪者になってしまい、今この瞬間にも、善良な人々を騙して罪を犯しているのですよ。あなたはそれを平気でいられるのですか。親として、社会人として、それを見過ごしておけますか。黙認しているということは犯罪の共犯者ということになりますよ。

あなたがこのまま逃げているなら、私は一緒に生活していくことはできません。私はあなたと離婚しようと思います。そして私と残りの家族で救出に立ち向おうと考えています。お父さん、今、我が子は地獄の底にとじ込められているのですよ。地獄の底にいる我が子を引き上げる時、燃えさかる火の中に手を差しのべるのですから、当然火傷をします。しかしそれを恐れていたら、いつまでたっても地獄から救えませんよ。お父さんは火傷するのが恐いということがよく分りました。我が子を地獄の底に放置して何もしないということは、あなたに、愛も勇気もないということです。

動物だって我が子を外敵から守るために命をかけて闘うのですよ。あなたは動物以下なのですか。統一協会は『人間は堕落したために万物以下になりさがった』と教えていると『会』で学びましたが、それがピッタリとあてはまっているではないですか。また統一協会では文鮮明夫妻こそが真の愛を持って真の家庭を築いていて、私たち両親のことを、偽りの愛を持って、偽りの家庭を作っている、と教えていると『会』で学びましたが、こんな教えを絶対に認めたくないけど、お父さんの現状を見ると、くやしいけどあっていることになりますよ。我が子の救出を放棄するということは、協会の教えを黙認していることになるのです。

子供は、心の底ではきっと私たちの救いの手を持ち望んでいるのだと思います。救えるのは血を分けた私たち家族だけです。お父さん、今一度、親とは何か、家族とは何かを心から考えてみて下さい」

と涙ながらに訴えた。母親が話している間、夫は一度も反論をせず、ずっと聞き続け、最後に何日か時間をほしいと語った。そして数日間の瞑想の後、家族を集めて、こう語った。

「お父さんはずっと逃げていて弱い男だった。お母さんの訴えを聞いて、目が覚めた。これから生まれ変わって、何事も前向きにやって行くつもりだ。救出も主体的にやって行きたい。そして家族団結して、何としても救い出したい。皆、力を貸して欲しい！」と。これを聞いた家族は涙して感動した。

その後、この家族は一致団結し、「会」を通じて救出に取り組み、見事に成功した。

第五章　『原理講論』以外の様々な教えと実践

カウンセラー

『講論』の教えと、その狙いを紹介して来たが、協会は受講生（信者も含めて）に『講論』のみを教えているわけではない。修練会、更にはホーム生活を通じて様々な教えを施し、またそれを実践させている。

(1)「主の路程」の教え（メシアの歩んだ道程）

教祖文鮮明の誕生から今日までの歩みを、ビデオテープを通じて受講生に訴えていく。内容は、迫害を受けながら神の願いを貫く「血と汗と涙の路程」の実録編だとしている。これを見せると受講生は涙を流して感動し、尊敬と愛情の念を強くする（協会が信者の心を奪う代表的な手法である）。

(2)「心情復帰」の教えとその実践

これは、苦しんでいる人の気持ちを知るには、その人と同じ環境、同じ立場に立たなければ分らないということで、六千年間苦しんできた神の心情を知るためには、子である人間もやはり同じ立場に立たなければならないとしている。そのため文先生は神の心情を知るために、また、あらゆる人の苦しみを理解し解放するために、ありとあらゆる苦難を通過してきた。だから統一協会員も、その信仰を実践する中で様々な苦難をへて、神の苦しい心情を実感し、理解していかなければならない、とする。

例えば、献身しようとすると親が反対する。反対する親をも救おうとして献身していくのに、理解されないという苦しみ、こういう場合、二千年前に人類史上初めて降臨したメシアであるイエス様が、その使命を全うするために協力しなければならない立場である母マリヤが神のみ心を悟り得ないために、かえってイエス様の行くべき道を塞いでしまった（協会の解釈）、そのマリヤに愛しながらも冷たくせざるを得なかったイエス様の心情が重なるのである。

家族に不幸があっても、アベル（上司）が帰省させてくれない場合、文先生も興南の刑務所を出た時、自分の家族に会いに行くこともできたのに、神のみ旨（地上天国の実現）を優先させた、その時の心情を知るのである。

あるいは珍味売りで疲れ果て、もうやめたいという気持ちになった時、文先生が足の折れた弟子を背負って釜山まで逃げる時に、動かない足に「動け」と命令しながら歩いたことを思い出す。成さねばならない神のみ旨のために、肉体を犠牲にしてまでやり遂げようとする心情を悟り、また歩き始めるのである。

このように統一協会会員は自分の姿をイエス様や文鮮明、時には迫害されるクリスチャンの姿とオーバーラップさせながら、自らを悲劇のヒーローに作りあげていく。その悲劇や迫害は、苦しければ苦しいほど彼らを感動させ、その世界に陶酔させてゆくのである。

(3) 神の悲しみを体得させる

修練会では、講師を通じて神の悲しみ、苦しみを受講生に伝えて行くが、協会の狙いは神の悲しみ、苦しみを信者に体得させることと、神の存在を身近に感じさせることである。これで、神と一体化したと思い込む。こうなると神を見捨てて離教はできない。まさに金縛りならぬ、「神縛り」である。特に万物復帰での物売りが効果的である。神を強烈に実感する例として、物が売れない時に、神に祈って、最後の家を訪問して大量に売れたような場合、神が働いた（協助）と思い込み、神の実在を確信し、感動する。これを協会では〝神体験〟と捉えさせて大いに利用していく。

また、協会幹部は祈禱こそが強力なマインドコントロールになると分っている。祈禱会で神に告白し神がそれに答える（自己暗示をかけることによって起こる妄想現象か、一人芝居である）。そのことをくり返していると、神の実在を感じるのである。最終的には「神様」と言っただけで、自然に涙が出てくるようになる。これは神との心情一体化現象である。この心情を持続させて、神の願い（地上天国）を実現するため、死ぬまで働き、金を捧げるのである。

(4) 霊界の存在を実感させて縛りつける

協会は、信者を霊界に対する希望（頑張れば天国行き）と恐怖（脱会すれば地獄行き）で縛りつけておく。例えば信者が物売りの最中に疲れ果てて公園のベンチで眠り、風邪を引いた時などは、協会は怠けたために霊界に打たれた（罰を受けた）と教え込み、霊界の恐怖を実感させる。その〝霊体験〟をしたものは、その後常に霊界に監視されていると思い込み、手を抜くことができなくなる。最近、特に霊界の「マインドコントロールの強化」を計っている。

それは離教を防ぐために効果があるからである。なにしろ見えない世界のことである。何を言っても嘘だという証拠がない、故に信者が誰に説得されても、この霊界論の誤りだけには気づかないし、「霊界の呪縛」が解けるはずはないと思っているのである。

二つ目は霊界を使った方が信者をコントロールしやすいということである。実体のない霊界からの指示では反論のしようがない。結局信者は無理難題でも受け入れてしまう。

三つ目は金儲けになるからである。

(5) 日常生活の中で罪意識（罪観）を持続させていく手法

信者は蕩減（罪滅し）生活を余儀なくされている（蕩減生活する理由は第三章の「堕落論・復帰摂理」を参照）。日常的に蕩減条件（罪を軽減するための手段）を立てて実行している（修練会で罪人であると自覚し、それから解放されるために罪滅ぼしを完了しなければ、完成人間となって天上天国に行くことはできないと、信者は自覚させられている。それも自分の罪の清算だけではなく、先祖の犯した罪、日本人全体が犯した罪までも代理蕩減をする。自分の代で全て終るはずがない、一生罪滅ぼしをするのである）。

罪人である信者は、罪のないメシアに決して逆らうことはできず、従うのみである。霊界からは先祖が、早く地獄から解放してくれと叫んでいる。自分が頑張らなければ、世界の人々も先祖も救えない。一生懸命、協会のために働き、献金することが罪滅ぼしの近道であり、救いに繋がると意を決するのである。

協会は信者を罪で縛りつけて一生奴隷にしておくのが狙いである。

(6) 文鮮明を中心として摂理は進む

毎日の全体集合（ホームで、就寝前に行なう報告会）で中心者（責任者）は「摂理」（地上天国へ向かう道程）の進展状況を信者に伝える。その内容は、文鮮明が中心となって世界を変えている、といろいろな例を出して話すのである。それは文鮮明と統一協会が世界中で認知され、同時に地上天国が近づいていることを意味する。聞いている信者は感動し、希望を抱く。そして文先生が二時間の睡眠で頑張っているのだから、自分も頑張らなければならないと思うのである。

(7) ホーム生活での兄弟姉妹の友情

統一協会は信者のホーム生活を愛を実践する場であると位置づけているが、また一方では「横的（仲間との関係）に流れる（溺れる）な」と釘をさし、「縦的（上と下との関係）に徹せよ」と戒めている。これは、仲間同士の関係が深まることは、協会の絶対主義（主従の関係、上意下達）のシステムを脅かし、統制がとれなくなるからである。

また仲間同士の会話が進み過ぎると、お互いの個人情報（出身地、家庭構成、父親の職業等）が漏れてしまい、一人が脱会するとその脱会者が元の仲間の両親の所へ出向いて脱会の取り組みを指導し、多くの離教者を生み出す危険性があるので、防衛策としてくりかえし「横的に流れるな」という教え込みをしている。

とはいえ、日々苦楽を共にしている仲間である。自然に連帯感と友情は生まれてくる。戦場で命を懸けて戦い、苦楽を共にした戦友の関係に似ている。脱会者の告白で、厳しい信仰生活を耐えることができたのは、この同志愛も大きな支えであったと、よく聞く。これはマインドコントロールによって独特の環境の中で作りあげられた感情だとは言い切れないだろう。

このことが、説得中において、仲間を裏切ることは決してできないという気持ちにさせ、信仰を守ろうとする〝砦〟となって、目覚めることの妨げになり、教義の間違いを悟ってからも、仲間を協会に残して自分だけ去るのは申し訳ないという気持ちにさせるのである。

(8) **「聖歌」を歌わせて士気を高める**

歌は人の心を感動させる。協会は信者に「聖歌」を唄うことを奨励している。これは目標に向かう時や、苦しい時に気持ちを高揚させることに役立ち、仲間との連帯感も強まる。また「聖歌集」の中に教祖文鮮明が作詞したという歌もあり、特に〝迫害〟に遭った時に作ったとされる「復帰の園」という歌を唱う時には、苦しみを乗り越えて、希望に向かっていこうと、涙を流し唄う信者もいる。

歌を唱わせて士気を高めようとするのは、各国の軍隊にもよくあることである。

(9) **落ち込んだ信者を再生させる手法**

マインドコントロールされた信者ではあるが、勤労意欲が湧かない時や、目的意識を失いかける時もある。こういう時に、再び立ち上がらせる方法がある。それは、①み旨（神の思い・願い）、②摂理（地上天国へ向かう道程）、③蕩減（罪人から解放されるための原則である償いの行為）の三つを利用することである。

例えば信者が「疲れた」と言えば、「み旨を思い出して頑張ろう、文先生も頑張っているのだよ」と答える。また信者がなんのために頑張っているのか分らなくなった、と言えば、「皆、摂理のために頑張っているのだよ、地上天国が出来ると全ての人が救われる。また明日から頑張ろうね」と励ます。また、信者が物売りの時に訪問先の人に怒鳴られた時は「よく耐えたね、それも蕩減（罪滅ぼし）になったんだよ。また明日から頑張ろう」と励ます。このように言われたら、信者は反論できない。

　また、体にムチ打って働きだすので、体をこわしてしまう信者も少なくない。重病になれば家に帰す場合もある。親に治療費を出してもらい、入院して、治るとまた協会へ戻ってしまう。家族が救いの手を差し伸べない限り、信者は自力で協会を脱することはできないのである。

⑽ 知らずに行くと……やがてキミも人をだます加害者に！

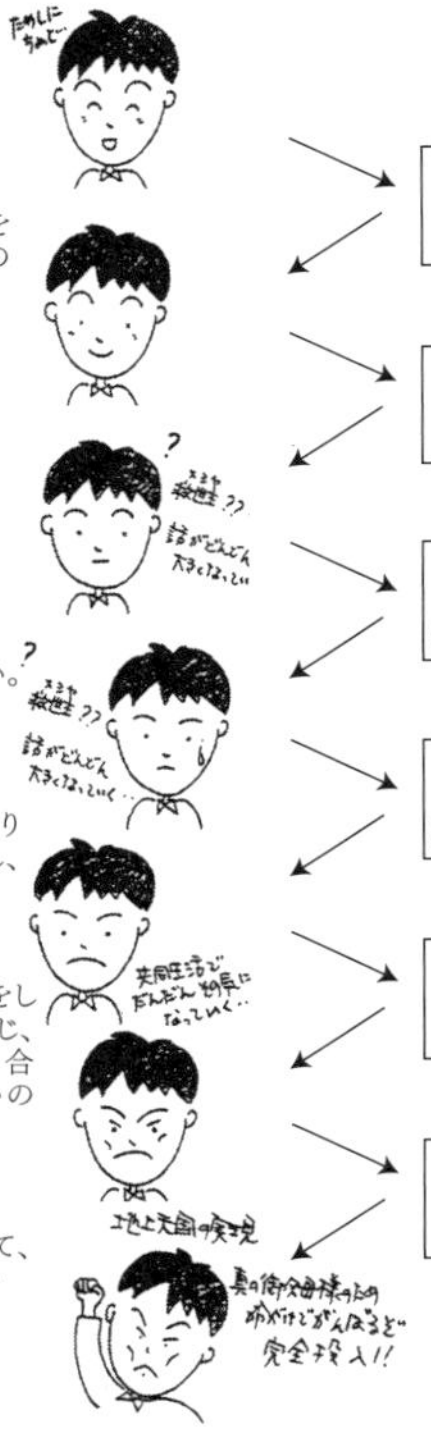

誘われて知らずに行くと……

→ 楽しい サークル 映画・占い →

毎日センターでビデオを見せられる。（ビデオの後カウンセリングタイム）

→ ビデオ講座 →

半信半疑ながら協会員の親切に心が傾く。

→ 2DAYS セミナー（2日間の合宿）→

心が不安定に。セミナーはもう断れない。

→ 4DAYS セミナー（4日間の合宿）→

町で、アンケート物売りなど、平気で人をだまし、誘い込むようになる。

→ トレーニング（寮生活）→

教祖のためには、何をしても罪にならないと信じ、方法を選ばなくなる。合同結婚式のみが救いの道だと思う。

→ 合同結婚式 →

一生、協会の奴隷として、人をだます人生を……

聞いたことはありませんか……
みんな統一協会の行動です！

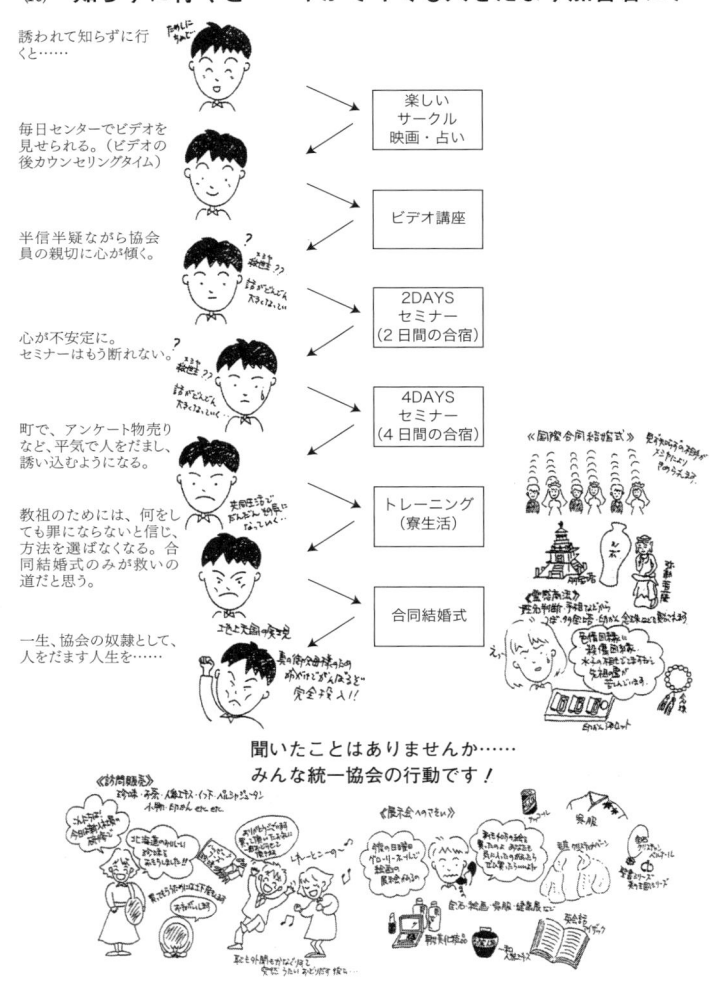

第六章　説得(勉強)の内容

カウンセラー

これから述べていくことは、献身者等の一定のレベルに達している信者を対象にしている。

(1)　説得を始めるにあたっての必要条件

説得者が入る前に、家族は信者にしっかりと勉強（教義の検証）をする気持ちにさせておくことが必要である。納得していない状態で勉強を始めても烈しく反発したり、開きなおって思考停止の術を使い、説得者が教義の誤りを指摘しても見えない、聞こえない、考えない状態なので、教義の誤りを悟るということは難しい。

たとえ説得者の話が多少聞えていたとしても、統一協会の悪口を言っているとしか思わない。特に家族に、救出に対する主体性が欠けていると、信者は家族が説得者に操られていると思い、説得者に悪い印象しか持たない。そして納得していない信者はその場からいかに脱出しようかと頭が一杯で、説得者の話を冷静に吟味する余裕はない。それなのに積極的に勉強に挑み、教義の誤りの指摘に対してうなずいたり、笑顔で対応したら、それは先々偽装脱会[*1]するための布石である。信者は心の中で思っていることと反対の言動を平然と取ることができるように訓練されているからである。信者がそのような言動を取っていたら、救出は難しくなる。

繰り返し述べるが、勉強の場における家族の役目は、説得者を交えて勉強することを充分納得させた上で、客観的に教義の検証をさせることである。この他に、自宅以外の場所で話し合う必要がある場合には、そのことをしっかりと納得させてから勉強に挑むべきである。

過去に家族が信者を強制的に保護し、怒り狂っている信者を「真剣に勉強をする姿勢にして欲しい」と説得者に嘆願したケースがあったが、それは大きな間違いである。案の定、その救出は難航し、長期化することとなった。

このような救出で一番怖いことは、運よく脱会することができたとしても、本人の怒りと恨みが消えるには相当の時間がかかることである。家族は自分たちの役目をしっかりと理解し、身につけて本番に挑むことが救出を成功させるための秘訣である。

＊1　**偽装脱会**――両親、親族、反対牧師から離教の説得を受けた時に、嘘をついて脱会すると宣言し、周囲を安心させた上で統一協会に戻ることをいう。

(2)　説得者に求められること

信者のレベルにもよるが、すでに献身（協会の専門員）しているような信者を説得する場合には、相当の力量を持った説得者が求められる。その人とは、統一協会がどのようなマインドコントロールを施しているか、その信者の思考・心理状態がどうであるかを把握していて、教義の誤りを証拠と根拠で指摘できる人である。さらには信者の心をカウンセリングできる人である。また救出前に、家族に救出の真髄を示し、理解させることができる人でなくてはならない。

(3) 信者に対する説得（勉強）内容

教義の誤りの根拠と証拠を具体的に示さないと、信者は誤りを悟って騙されたと自覚することは難しい。

聖書だけを使ったり、批判本を読ませたり、他の宗教との比較論を示しても、あまり効果はない。まず、彼らの事実上の教典である『原理講論』や教祖の講演内容（御言葉集・説教集）を検証させて、それらが真理ではないことを悟らせるべきである。つまり教義の根幹を叩くのである。『講論』の間違いを示すためには聖書が必要であり、精通していなければならない。それは『講論』が聖書を曲解しているからである。

しかし、最近は『講論』の誤りを示すだけでは完全にスッキリしないケースが増えている。それは離教を防ぐために、『講論』以外に様々な教えを施してマインドコントロールを強化しているからである。

『講論』の誤りを聖書を用いて示したり、『講論』自体に論理的矛盾があることを説得した後、

「他の教義（「主の路程」など）の誤り」を用いて『講論』以外にも多くの誤りがあることを証明する。また、『講論』の教えと反対のことを上層部が行っている決定的な証拠を見せる。尚、説得の際には、その時々の状況に合わせた手法を取るべきである。

(4)「主の路程」は創作であることを示す

信者（受講生）は講師の話やビデオ鑑賞を通して、教祖文鮮明の路程に深く感動し、尊敬と愛情の念を強く持っている。しかし、それらの出来事のほとんどは創作・演出である。その証拠は御言葉集から数多く見つけ出せる。それらの嘘の決定的な証拠を示して教祖の心の呪縛から解放することは、目覚めるのに一つの役割を果たすことになる。

どのような〝ウソの証拠〟があるかを読者に紹介したいところであるが、それを示すと本書を見た協会幹部が信者に〝対策[*1]〟を施してしまい、救出の障害になるので、具体的には紹介できない。

＊1 **対策**——ここでいう対策とは、協会の教えに誤りを生じた場合に、ある理由づけをして正当化すること。信者に疑問を持たせないための方策。

1993年7月21日（水曜日）

文鮮明・教祖の〝美談〟
証拠写真はニセ物
内部文書で 統一協会が認める

文鮮明の〝美談〟として使われていたニセモノの写真（宣伝パンフ『文鮮明師の40年』）

統一協会＝国際勝共連合の教祖文鮮明が、負傷した弟子を背負って真冬の海を渡ったという〝美談〟の証拠とされてきた写真がニセモノだったことが、このほど確認されました。

統一協会自身が内部向け文書で間違いを認めたもので、その責任が問われています。

問題の写真は、一人の男性が別の男性を背負って浅瀬を歩いているもの。背負っているのが文鮮明、背負われているのが弟子の朴正華だとされていました。

文鮮明は一九四八年、人妻との「強制結婚」事件で逮捕され、北朝鮮の刑務所に服役しましたが、五〇年、朝鮮戦争のドサクサに出獄し、弟子二人とともに徒歩で南へ逃げました。このとき（五〇年十二月四日）、足を骨折した弟子の朴正華を背負って真冬の海を渡ったときの写真、というのが統一協会の説明。

統一協会はこの写真を宣伝、教育用の出版物多数に転載。「もし、朴氏を背負って渡ることができないようなら、どうして私が天宙復帰の責任を負うことができようか」（宣伝用パンフ『文鮮明師の40年』）という文鮮明のことばをそえて、文鮮明をたたえる教材にしてきました。文鮮明自身も説教などでその〝美談〟を事実上認めてきました。

統一協会は今回、会員向け月刊誌『ファミリー』七月号の「特別教育資料」欄に、「（写真の）人は文先生ではなく別の人です」と掲載。「一部関係者もその写真の経緯が十分分からないままに『文先生だ』として伝わったものです。しかしその後の慎重な調査の結果、誤解であった」とのべています。

早くから写真はニセモノだと指摘していた船田武雄・京都聖徒教会牧師は「統一協会の修練会でこの〝美談〟を教えられ、感激した会員が自分も真冬の冷水に足を浸してまで〝文先生の心〟に近づこうとするなど、統一協会は最大限にこの写真を利用してきた。それを容認してきた文鮮明の責任も大きく、〝一部の関係者の誤解〟などという小手先の言い訳ですむものではない」と指摘しています。

（『しんぶん赤旗』一九九三年七月二一日付）

＊長い間、文教祖の顔をわざとボカした写真を、協会出版物に掲載し続け「苦労した人」の証明として利用してきたが、ある時その元となっている写真を拡大して協会機関紙『世界日報』のカレンダーに使ったために別人と分かり、嘘がばれてしまった。

前頁の写真は嘘の代表的なものであるが、この他にも、正義の人、愛の人、受難の人を装った多数の写真がある。その狙いは、文鮮明教祖が自分をメシアだとあがめられたいがための演出である。

(5) 統一協会の神は〝悪魔〟であると自覚させる

信者は人類始祖が堕落し、歴史上の中心人物も全て救済に失敗してしまい、今日まで泣き続けている悲しみの神であると頭と心に焼きついているし、全知全能の〝善なる神〟であると信じている。協会から離教するためには、この神との決別が求められる。『講論』の誤りを聖書で示す中で、『講論』の神と聖書の神はまったく別な神であると示したり、聖書の神は嘘も騙しも殺人も奨励していないと諭したり、キリスト教の神学書を読ませて、神観の違いを示しても、それだけでは自分の信じた神が悪魔であると悟ってすぐに決別しようという気持ちにはなかなかなれない。

それは日々の信仰生活（祈禱会や万物復帰での祈禱等を通じて）の中で『講論』の神が信者の頭と心の中に強力に定着していて、なかなか離れないからである。

それでは、どうすれば『講論』の神と決別することができるのか。それは、教祖文鮮明の言動にポイントがある。文鮮明は神と一体化しているし、時として自分自身を神に置き代える。そして全てのことを神の願いと指示通りに行ってきたと断言している。従って文鮮明自身に決定的な偽り、誤りがあれば、神にも同じくあるということだ。

すなわち、『講論』の神を直接叩くより、文鮮明のありとあらゆる嘘、悪事、不倫等を暴露することによって、必然的に神の正体（悪魔）が見えてきて、信者の頭と心から消えていくのである（文鮮明を偽善者だと悟る＝偽善な神＝私が信じていた〝善なる神〟とは異なる＝こんな神は必要ない）。

それでは、文鮮明の悪事の数々をどう示していくのか。それは「他の教義の誤り」の中で紹介していきたい。

(6) 摂理進展の虚構を発く――地上天国近しと思わせる演出の暴露

摂理が進展していると信者に思わせている、その「演出劇」を暴露し、その真の狙いはどこにあるかを理解させることである。

統一協会上層部は、文鮮明教祖を中心として摂理が進み、あたかも地上天国が近いかのように様々な「演出」を行っている。例えば文教祖はソ連のゴルバチョフ大統領と会って、共産主義を捨てさせた、北朝鮮の金日成主席と会って南北統一の布石を打った、などである。こうして文鮮明は「メシア」であるからできると信者に思わせ、希望と偉大さを植えつけている。そして、それを利用して、更に摂理を進展させるために、お金が必要であると、信者に献金を迫るのである。

金日成北朝鮮主席と文鮮明夫妻

ゴルバチョフソ連大統領と文鮮明夫妻

　結局、最大の狙いは金儲けであり、集めた金の一部をそれらの演出に使い、大部分は上層部に流れているのが現実である（献金の使途については、第一章の四で述べた）。信者の説得の際、摂理が進展しているというのは全て虚構であると示し、理解させることは、非常に重要である。このことを悟れば、文鮮明が詐欺師であるということも見えてくる。

　信者は忙しい日々を送っていて、テレビも新聞もほとんど見ない、多少の時間があっても、せいぜい協会の発行物しか見ない。むしろ協会がそうさせているのである。従って信者は世界の情勢にうとくなっている。結局、情報は上層部からしか入ってこないし、統一協会に都合の良い情報ばかりを流すので、協会内にいる信者にとっては、いかにももうすぐ神の国（地上天国）が実現するかのように聞こえるのである。

(7) でたらめ霊界論を発《あば》き、呪縛から解放する

信者は修練会等を通じて地獄に対する恐怖心を植えつけられ、更に教祖の、脱会すると地獄へ行く、との脅しに縛られている。また一方では、協会の教えに従って全てを満たすと天国へ行ける、と希望を持たされている。これらの教えのもとになっている協会の霊界論の誤りを悟らせるためには、既成キリスト教の霊界論との違いを示してもあまり効果はない。ではどうするのか。それは文鮮明が何十年も語り続けている〝霊界の真実〟を並べて、いかに支離滅裂な

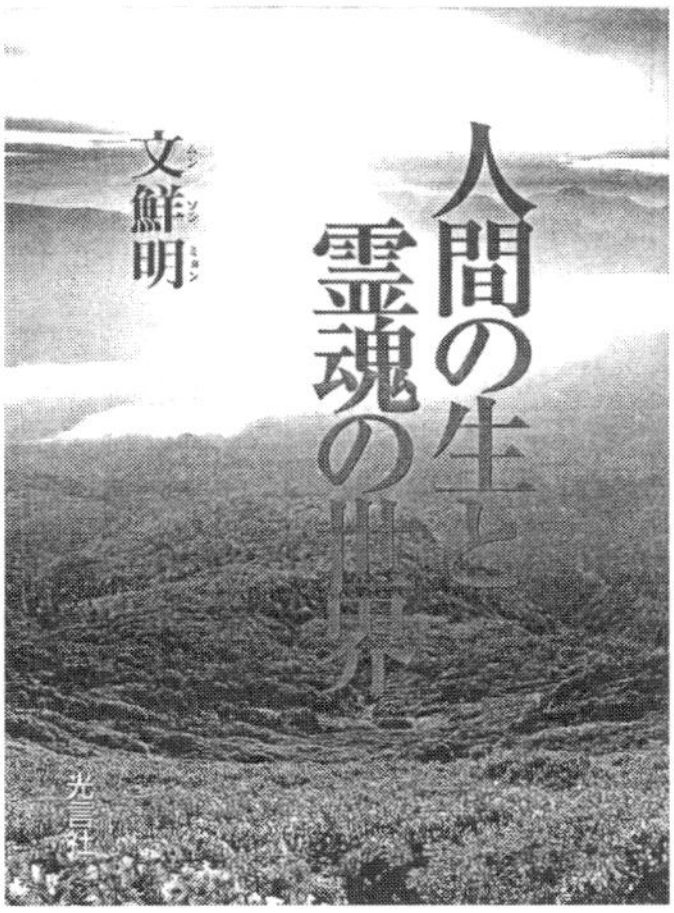

『人間の生と霊魂の世界』

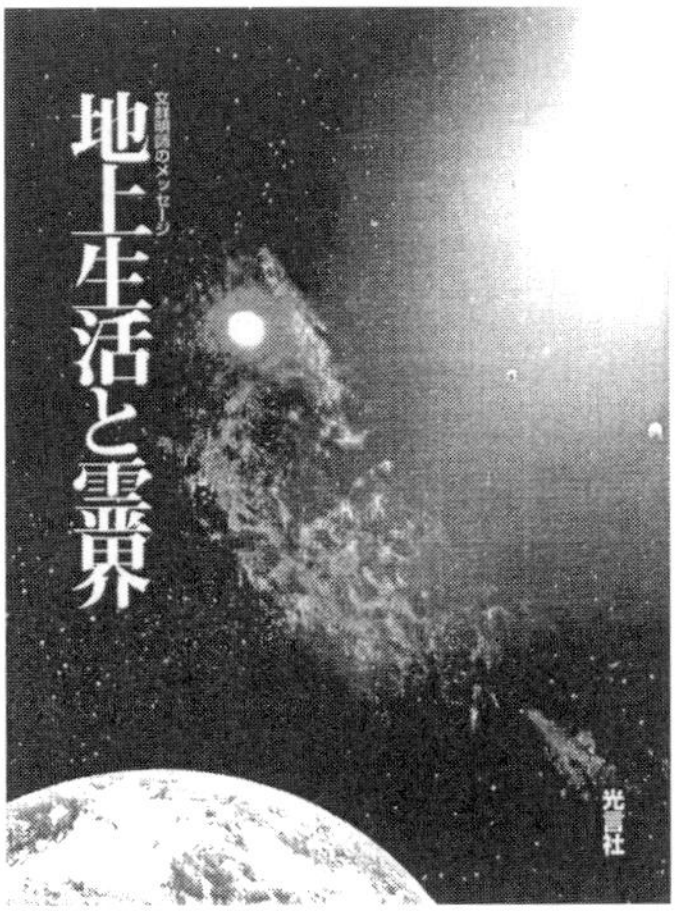

『地上生活と霊界』

ことを言っているかを悟らせることである。

そういう点では、説得者は相当の「御言葉集」を所持していなければならない。それを実際に信者に見せて矛盾に気づかせ、でたらめな地獄論など、何ら恐れることはないし、天国論も虚構であると悟らせる事は非常に大切である。

(8) 清平《チョンピョン》修練院でのオカルト劇の暴露とその教えの矛盾

清平とは韓国京畿道のある地域名で、ここに協会修錬院があり、頻繁に修錬会が行われている。この修錬会では、金孝南《キム・ヒョンナム》霊能師（女性信者）を中心として〝霊界解放〟が行われている。金霊能師の体の中に文教祖の現在の妻である韓鶴子の母親（死亡）の霊が入り込んで、霊界の話を信者に語るというものである。この母親（霊人）は大母様と呼ばれており、常に霊界と地上界を行き来していると言っている。このオカルト・ショーの狙いは、信者に深い罪意識を植えつけ、協会への従属心を強めることにある。

例えば、日本人は朝鮮を植民地化して悪業を行った。そのため殺された人の霊が浮かばれず、この恨みの霊が日本人に取り付いていると、例を示しながら罪意識を煽る（例、従軍慰安婦の霊は女性器官につくことが多く、不妊の原因ともなっている。日本人にアトピーが多いのは、日本軍によって焼かれた人の恨みの霊が取りついていて、その証拠に、火傷の跡とアトピーの肌は同じだ、と）。また協会には〝連帯罪〟という教えがあり、日本人の犯した罪は日本人全体の罪であり、それを信者が必死に罪滅ぼししなければならないということになる。それは労働奉仕と献金である。

協会幹部は、信者の罪の呪縛を深め、従属心を高めるために、この修練会への参加を大いに勧めている。勿論参加は有料であり、清平では「感謝献金」も求められる。最近は先祖七代までの解怨式とか、先祖の祝福式（協会式の結婚で、原罪を取り除く儀式）を行うといって希望者を募り、先祖七代までにつき七〇万円、という具合に金を取っている。協会にとっては、マインドコントロールの強化と金儲けの一石二鳥である。

説明が少し長くなったが、問題はこの清平修練院での教えの間違いをどう示すかである。それは、協会出版物の中に見いだすことができる。例えば清平修練院で使用している「清平特別修練会の手引き」と『原理講論』の教えとの違い、更に教祖の語る「御言葉」との相違点等を示すことである。それによって、清平修練院の教えの矛盾が明らかになる。更に大母様の霊人が金霊能師の体に入り込んでいるという演出も暴露し、協会の狙いはどこにあるのかを信者に悟らせることである。

キリスト教の教典である聖書には、「清平で霊能師が行っている行為」は悪霊の業であり、律法で禁じられているものであり、神が忌み嫌われているものである、と明記されている。統一協会はこの〝邪教〟を以って既成キリスト教も吸収し、統一しようとしている。何という浅ましさであろうか。結局、統一協会とは悪魔を頂点に据え、悪霊の業を用いて人々を惑わす、

天城旺臨宮殿

『清平の奇跡』

『清平特別修練会の手引き』

偽キリスト教を地で行っているのである。

信者をこの清平の呪いから解放することは、極めて重要なことである。

(9)「霊界通信」を使った霊界呪縛からの解放

一九八七年頃から、協会は「霊界通信」なるものを用いて、信者の霊界に対するマインドコントロールを強めてきた。「霊界通信」とは、霊界にいる霊人からメッセージが地上に送られて来て、信者がその内容を書き出すということである（自動書記という）。例えば教祖の死んだ息子（現在の妻との間に生まれた次男、興進《フンジン》）が、霊界から信者の様子を見ているとか、私はメシアの子供だから天国に入ることできた、などとメッセージを送って来て、その内容を協会の各ホームにファックスで流し、信者に見せるということをしはじめた。それを見た信者は、興進様が見ているのだから頑張らなければならないと、活動に精を出すことになるし、興進様が天国に入れたのは、やはり真の父母様が罪なき完成された方だからだと再認識し、自分も一生懸命に罪滅しのために働いて、少しでも早く完成人間に近づきたいと決意を新たにするのである。協会にとってはまことに都合良く信者を縛りつけておく手法なのである。このことに効果があると感じた協会幹部は、次々と「霊界通信」を利用しだした。イエス・キリストから始まって神様のメッセージまで登場する。

その内容を要約すると「地上天国実現のために、真の父母に従って頑張れ」というものである。結局、賢明に働いて沢山献金をしなさいと、霊界から檄を飛ばしているのである。数年前からは、協会幹部で既に亡くなっている李相軒の「霊界通信」を大いに利用し、そのメッセージを本（『霊界の実相と地上生活』）にしてシリーズ化を図り、信者に購読させている。

その内容はこれまた協会に都合の良い「協会に尽くした人は天国に入っていて、逆らった人は地獄で苦しんでいる」というものである。最近は文鮮明の指示でそれらの本を使って訓読会（信者同士で読み合わせをすること）を行っている（協会はオカルト映画顔負けの演出を行っているのであるが、決してこれを笑ってはいられない）。

この「霊界通信」の呪縛を解かないかぎり、信者は真に協会を脱出できない。ではどうするか。呪縛の元になっている「霊界通信」の本と、『原理講論』の霊界論、そして教祖文鮮明の語る霊界論を対比することによって、「霊界通信」のメッセージがいかに虚構に満ちているかがよく解る。同時に、「霊界通信」なるものは地上で協会幹部が演出しているものだということにも気がつき、信者を「霊界通信」の呪縛から解放することに繋がる。

⑽『原理講論』のルーツを明らかにする

協会の事実上の教典である『原理講論』を、信者は神に啓示された書であるとか、教祖文鮮明が解明した真理の書であると信じている（二つの説が存在している?）。これは作り話であって、

『霊界の実相と地上生活』

『四大聖人たちの霊界セミナー』

事実は文鮮明がいろいろな所で学んできたものを寄せ集めて、部下に書かせたものである。特に金百文[*1]の「根本原理」からの引用が多い。盗作であったら、信者はショックである。では『原理講論』は盗作であるという証拠はあるのか。それは文鮮明の説教集の中にある。彼はある時、誤って本当のことを語ってしまったのである。驚いた協会幹部は信者に真実を知られるのを恐れて、その説教集を廃版にした。また文鮮明が少年の頃からどこで何を学んできたかを証明する数々が、協会出版物の中に存在する。それらが『講論』のルーツになっている。そうした証拠を示すことは、信者に失望感を与えると同時に目覚めるための一つの役割を果すことになる。

＊1　**金百文**——この人物については、第一章第二節の「統一協会の教典」の中で紹介した。

⑾ 「真の父母」は偽りであると示す

『講論』の教えによると、真の父母とは完成した男女が子供を作り、家庭を成すことをいう。しかし、二人とも生まれながらにして完成していたわけではない。二人とも完成する迄には「ある条件」を満たさなければならないという原則がある（完成路程という）。

その原則を基にして文鮮明・韓鶴子夫妻の歩みを検証すると、まったく完成していないことが分る。彼らは「偽物の真の父母」なのである。これを信者が知ることは大変ショックである。これで教義の核心部分が相当に崩れてしまう。例えば真の父母であるからこそ、罪人の原罪を取り除き、血統転換できるという論理があるが、これが不可能になる。まだ完成もしていないのに子供を作ったとなると、二人は堕落人間に転落してしまい、この世に信者を救済する人が存在しないということになる。これ程信者にとって悲劇的なことはない。

それと、文鮮明は神に啓示された原則を破って、未完成で性行為をしてしまったのである。それは神に対する反逆であり、堕落論の原則に従って地獄行きなのである。この「真の父母虚構論」は信者に失望感を与えると同時に、目覚めるのに一つの役割を果すことになる。

⑿ 文鮮明の女性経歴を検証し、色魔であることを実証する

協会関連の出版物を検証すると、文鮮明の女性経歴がよく分かる。それも多くの女性と重複

して「関係」を持ち、隠し子までいる。そして多くの女性たちと重複して交際した言い訳として、神の啓示によって、そうなったとうそぶいている。

協会の教えに「この世の淫乱の弊害《へいがい》を解消するために、神は地上にメシア（文鮮明）を送った」とある。また文鮮明自身「混淫のような性的な乱れこそ諸悪の根元であり、殺人にもまさる最大の罪である」と厳しく信者を戒めている。読者はもうお分りであろう。文鮮明という人間は、言っていることとやっていることがまったく違うのである。その上自分の不倫を、神を使って正当化しているのである。卑劣《ひれつ》窮まりない男である。

協会には「天法三原則」という戒律があるが、その一つに男女問題（不倫）を起こした者は地獄に行く、とある。文鮮明は自分の作った戒律に従って、地獄に行くのが当然の報いなのである。文鮮明が色魔であると実証することは、信者が文鮮明に失望し、目覚めるのに一つの〝役割を果たす〟ことになる。

⒀ **協会上層部**（文鮮明の家庭・協会幹部）**の実態を暴露する**

文鮮明の家庭は堕落し切っている。親も親なら子供も子供ということである。信者が地上天国実現のために生活を切り詰めて送ったお金を文ファミリーが贅沢三昧で浪費しているのである。これは「公金横領罪」である（これも天法三原則の一つで地獄行きである）。特に長男、孝進の犯罪はすさまじい。その醜態はアメリカのテレビでも放映されていた。その内容は、日本の信者から送られてくるお金をさまざまな遊びに使い、さらに、ドラッグ中毒、妻への暴力、愛人問題などである。そして愛人問題を追及された時に、彼は、「おやじがやっていることを自分もしただけだ」と開き直った。これがメシアの家庭の実態である（現在、彼は後継者から除外されている）。

文鮮明も、自分のことを棚に上げて孝進の堕落を何度も嘆いている。常日頃から信者に文ファミリーは罪とは無縁であると語っていたことは、一体どうなったのか。そういう嘘を平然と語っていること自体が、偽善者の証明なのである。

さて協会幹部の実態は、どうか。文鮮明がわざわざ幹部の実態を暴露している。彼は説教の中では、古参の幹部は泥棒（公金横領）だと決めつけている。古参幹部が末端信者から集めた献金を文鮮明へ送る際にピンハネしていることを、怒っているのである。また、古参幹部の不倫問題を怒り嘆いている説教もある。特に文鮮明のこの嘆きが大変興味深い「古参の幹部ほど罪が多い」と語っているのである。一体、協会という組織はどうなっているのか。末端信者は信仰の長い幹部ほど完成人間に近づき、罪が少ないと信じており、それを目標に日々頑張っているのであるが、文鮮明はその反対だと断言している。それでは罪滅ぼしの信仰生活の意味がないどころか、信仰すればするほど悪人になってしまう。それは教典が誤りであるとの決定的な証明である。この文鮮明の「御言葉」は、極めて正しいことを語っており、信者に真実と実態を示しているのである。

それではなぜ古参の幹部たちが平然と戒律を破るのか。それは何も不思議なことではない。文鮮明は常々私を目標にしなさいと語っているので、幹部はその目標に到達したのである。もっとも、古参の幹部になると文鮮明をメシアだとは思っていないし、教義の誤りを充分に知っていて、冷めている。ただ長いこと協会にいるので、信じているふりが上手なのである。「今まで苦労して来たのに、文鮮明にだけ取られてたまるか、俺も元を取り戻さないと損だ」ということなのである。このような実態を知らない末端信者は、彼らを「先生」と呼び、信望を抱いて従っているのが実情なのである。末端信者が哀れでならない。

説明が長くなったが、教祖の家庭と協会幹部の〝真の姿〟を示すことは、信者の目標が蜃気楼であったと気づかせるのに効果的である。

⒁　献金使途を暴露する

信者の献金が目的と異なることに使われていることはすでに「上層部の実態」の中で一部紹介したが、説得においては、更に具体的に多くのことを示すことが大切である。それも、とんでもないことに使われていることを知らせるべきである（例えば文鮮明の親族の経営する会社の資金になっていたり、文鮮明の財テクの資金になっている等々）。

恐るべきは平和とはまったく逆のことに使われているという事実である。信者は地上天国実現のため、平和のためと、生活を切り詰めて献金している。それをまったく別なことに使われていると知って、驚き怒らない信者はいないはずである。文鮮明は常々、信者に献金を求める際に、摂理のため（地上天国実現のため）に必要であると語るが、前述した通り、大部分のお金は私利私欲のために使われているのが実態なのである。これは、彼がメシアどころか、詐欺師であるという立派な証明である。

⒂　平和主義者の仮面を剝ぐ

文鮮明は表向き平和主義を唱えているが、その実態はまったく逆である。

先に述べたように、献金が恐るべきことに使われている。例えば、息子（四男・国進）に拳銃工場を経営させている。また恐るべき極右組織とも繫がって、信者の献金をそこへ提供したり、軍国主義を唱える人たちを支援してもいる。古くは韓国の軍事ファッショ政権に資金を提供し、民主主義を唱える人々を迫害するのに手を貸してきた事実等々、まさに彼はメシアどころか悪魔そのものなのである。全知全能の〝善なる神〟がこのような男をメシアとして地上に送るわけがないのである。このような事実を信者に直視させることは、文鮮明の正体を見破るのに大いに役立つ。

⒃　現実的説得論に関する所見　　カウンセラー

以上「説得の内容」を示してきた。紹介できなかった「他の教義の誤り」も沢山あるが、特に重要と思われることを列記した。主に協会が思想コントロールの強化のために教え込んでいることに関する誤りの指摘であるが、協会はこの思想コントロールによって、信者の感情と行動のコントロールを連結して操っているので、思想全般の誤りを悟らせることは重要である。また、信者は情報をコントロールされた中で様々なことを教え込まれている。例えば「文鮮明が中心となって世界を変えている」ことに関しては、正しい情報を提供して、協会にコントロールされていたと悟らせることもまた重要なことである。

私は、最近の協会の様々な教え込み、演出、トリックを解く鍵は、湯水のように発行する協会出版物の中にあると思う。本音としてはあまり読みたくない代物ではあるが、説得者としての自覚から極力読むことを心掛けている。信者が何を信じ込まされているかを知らずして、誤りを悟らせることはできない。そういう点では、協会の出版物は〝嘘の宝庫〟であるといえる。もともと嘘であることに、また嘘の上塗りをしたり、また嘘を言い続けていたのに、ある時〝誤って〟真実を漏らしてしまうことがよくある。特に文鮮明の「御言葉」は酷い、自分を偽善者であると証明しているようなものである。

一昔前のように『講論』の誤りを示すだけで信者がすっきりと目覚めるということは、今日難しくなってきている。敵はますます巧妙に信者をマインドコントロールしているからである。私たち説得者は、狡猾な協会幹部の狙いをよく把握して、現実的な説得論を編み出していかなければならないが、私は前述したように、今日信者を目覚めさせるポイントは『講論』を含めた多くの出版物の中にあると思っている。事実私はそれを実践して効を奏している。但し、救出は説得者だけで成功するものではなく、家族のしっかりとした取り組みがあってこそ、説得者の語ること、示すものが生きてくるということは言うまでもない。

近年、心理学者が協会信者の思考・心理を的確に分析し、優れた文献を発表している。私も長年説得をしていて、自分なりに協会信者の思考・心理状態を分析・把握しており、それをどのように説得に生かしていくかということに務めてきた。その分析と説得論を次の⒄、⒅で簡単に示して行きたい。続いて⒆においては、⒃においても若干触れたことであるが、もう少し踏み込んで〝文鮮明教典〟を叩くことこそが、今日信者を目覚めさせる重要なカギであるという観点から述べたいと思う。(文鮮明が信者に語り示した全ての論理)

⒄　信者の思考・思いを分析する

統一協会は信者を希望と恐怖でマインドコントロールしている。(二元論)

善悪二元論	統一協会(神の側)善	堕落人間(サタン世界)悪
希望の信仰と離教の恐怖	希望(幸せ・喜び)	恐怖(不幸・災難)

悲しみの神	地上天国が実現したら喜びの神となる。	悲しみの神を見捨てて、離教できない、己れを捨てると一緒。
み旨（神の願い）	神の願い（地上天国）を適えさせてあげる。	離教することは冷血人間になること。利己主義。
罪人	罪滅しを全て終えると完成人間に。後孫も同じく。	離教すると罪が増して、死後は地獄行き、後孫も。
責任分担	責任を全うすると完成人間に。後孫も同じく。	離教すると責任分担未遂で死後は地獄へ。後孫も。
地獄で苦しんでいる先祖	自分が頑張ると地獄から解放できる。	離教すると先祖を地獄に放置したまま。
氏族・家族の救い	自分が頑張って天国へ導く。	離教すると皆地獄へ行ってしまう。
遺伝罪	自分の代で終らせて先祖と後孫に残さない。	離教すると先祖と後孫に罪を残したまま。
連帯罪	自分の代で終らせて先祖と後孫に残さない。	離教すると先祖と後孫に罪を残したまま。
自犯罪	自分の代で終らせて、後孫に引継がせない。	離教すると後孫に罪を引継がせることになる。
堕落性本性	自分の代でできるだけ解消し、後孫には少なく。	離教すると自分も後孫も残ったまま。
血統	神の血統圏内から神の血統へ向っている途上。	離教して既成の結婚をするとサタンの血統へ戻る。

霊人体の成長	生霊体（完成）へ向っていることを実感。	離教すると一気に悪霊人となり、死後は地獄行き。
摂理の進展	メシアを助け自分も頑張ることで進む。	離教すると摂理が停滞する。
地上天国	メシアを助け自分も頑張ることで実現させる。	離教すると世界の人々の幸せを放棄する。
メシア・文鮮明	メシアは苦労しながら頑張っている。	離教すると見捨てることになる。申し訳ない。
〃	神の送った救世主と共に、歩む喜び。	神の送ったメシアを見捨てると地獄の底の底へ。
メシアの愛（真の愛）	真の愛を知り、真の家庭を作る喜び。	離教したら偽りの世界に戻り偽りの家庭を作る。
メシアの救い	メシアは「救い」をもたらしてくれた。それを強く実感。	離教したら堕落世界に戻って堕落人間に戻る。
文鮮明は完成人間	希望の星、リーダー、目標の人。	離教したら目標喪失、無気力状態。
霊界	協会のために頑張れば天上天国へ。	離教すれば当然地獄の底の底へ。
宣教地で殉職（公務で死亡）	たとえ殉職しても、先祖は地獄から救える。	離教して死んだらただの犬死に、そして地獄行き。

因縁、呪い、祟り	協会のために頑張れば全てから解放、後孫も。	離教したら逆にそのことが膨大になる。
真の友情	真の友情を持って兄弟姉妹と共に歩める喜び。	離教したら彼らとの友情が立ち切れてしまう。
※まとめると↓	協会のために頑張れば「救い」と「希望」がある。	離教したら数多くの災いが起きる。後孫にも及ぶ。
※信者のタイプを極端に二つに分けると	これらのことに燃えている信者のことを「希望型信者」と言う。	こちらばかりを気にしている信者のことを「恐怖型信者」と言う。

＊補足——信者によっては捉え方が若干異なることもある。

これらの教えが全て虚構であると示すことが、協会からの脱出に繋がる。その方策は次で詳しく述べていきたい。

⒅ 文鮮明が真理として教えていることは、全てが偽り

これらの教えが全て虚構であると悟れば、信者を支配している希望と恐怖は消え去っていく。

文鮮明が信者に語り示した各論理と主張、これから列記することを〝文鮮明教典〟という。	真実・実態・論理的矛盾・嘘偽りの証拠あり。
○神観（統一原理の神）悲しみの神	悲しみの神を演出、文鮮明に利用されている神、聖書の神とは別な神。
全知全能、善なる神、聖なるお方	偽善な神、悪魔、淫乱の神、文鮮明と一体化。
○罪観（信者に対する罪の植え付けと解消論）	
蕩減復帰論（罪の償いをして原点に戻る）	永久に終わらない倫理。原罪を取り除くことが前提。取り除く人がいない。
責任分担論（蕩減と連結されている）	永久に終らない倫理、一生責任は終らない。後孫も同じこと。
完成人間論（罪滅しが終れば完成する）	絶対に完成しない倫理、その一つに原罪を取り除く真の父母がいない。
祝福式における原罪の解消	非科学的論理、妄想、それを解消してくれる真の父母がいない。
血統転換（サタンの血統→神の血統）	非科学的論理、妄想、それを転換してくれる真の父母がいない。
堕落性本性の解消	その前提として原罪を取り除くこと、しかしそれをできる人がいない。
遺伝罪・連帯罪・自犯罪の解消	その前提として原罪を取り除くこと、しかしそれをできる人がいない。

霊人体の三段階の復活（成長） 人類始祖の「性的堕落」 未完成霊人は地上に再臨復活して完成の道を。	完成人間論（蕩滅復帰論他）に欠陥があればこの論理も虚構。 妄想、創作、それを救済する文鮮明が性的に堕落している！ 絶対に完成しない論理（蕩滅復帰論に矛盾があるので）。
○メシア観（完成人間、愛の人、善の主体、間違いのない人）	
主の路程（血と汗と涙の路程） 摂理史（文鮮明を中心として摂理は進む） 文鮮明は完成人間（メシア完成路程） 韓鶴子は完成人間（エバ完成路程） 文鮮明は完成人間なので罪とは無縁な人。 原理講論は文鮮明が未知の事実を解明したもの。 文鮮明は平和主義者である。 信者の献金は全て摂理のために使われている。 文鮮明は地上天国を目指している。	創作、お涙ちょうだいドラマを演出、偽善者。 創作、演出、トリック 嘘、創作、完成する前に堕落した罪人。 嘘、創作、完成する前に堕落した罪人。 協会の中で一番堕落性を持っている人、大罪人。 盗作、内容は聖書を曲解したまがい物（実証）。 大嘘、極右主義者、悪党、死の商人。 嘘、私利私欲のために使っている。公金横領罪。 嘘、統一原理の論理から出来るはずがない。地上地獄を作っている。
○霊界論（死後に行く、永遠の世界）	
文鮮明が霊界に行って見てきたことを示した。	支離滅裂な霊界論、協会に都合の良い論理。

天上天国へ入るための基準と実態。	永久に誰も入れない基準、基準を満たしていないのに入っている事実。
因縁、呪い、祟り（恐怖信仰）	全く根拠のないこと。威しに利用、「文家」に一番現われている。
協会の戒律（特に天法三原則）を破ったら地獄行き。	文鮮明夫妻と幹部が行く所、それも 地獄の底の底へ。
「霊界通信による霊界の実相」	嘘、トリック、信者の威しに利用しているだけ。
「清平修練院」で行われていること。	嘘、トリック、悪霊の業、邪教そのもの、金儲け。

これらの論理・主張は御言葉集の中に詳しく述べられている。更に、これらの行いが全て偽りであるという証拠も御言葉集の中にある。全て虚構であれば、文鮮明はメシアどころかサタンであるということになる。

残念ながら協会の「対策」の防止のため具体的偽りの事実を示せない。

⑲ 信者の教典・『講論』に対する捉え方の〝変化〟と説得論

信者は『原理講論』を事実上の教典として捉え、信じている。信仰生活の基本もこの『原理講論』から導き出されたものである。ゆえに協会は修練会でこの『講論』を徹底的に〝真理の書〟であると信じ込ませ、その後その教えに基づいた信仰生活をさせて、信者をコントロールしている。これらのことは本書の第三章から第六章にかけて詳しく説明してきたが、ここでは本章の「説得の内容」の中でも述べた「教祖文鮮明の御言葉」に対する信者の基本的な捉え方について、もう少し踏み込んで説明したい。協会はよく「統一原理」という言葉を使うが、この「統一原理」とは『原理講論』及び文鮮明の語った「御言葉」を総称してそう呼んでいるのである。結局、『講論』と文鮮明の語ったことの全てをひっくるめて真理だと言っているのである。また文鮮明は〝真理の実体（者）〟として、言葉だけでなくその「行動の数々」も真理として含まれていると捉えている。つまり彼の〝行い〟の全ては真理に基づいているということである。ところで最近、信者の発言に変った傾向が出てきている。それは『講論』より「御言葉」の方が重みがあるとするものである（文鮮明の語ることの方が重要という意味）。その発言のルーツを探ってみると、一つには『原理講論』はあくまでも真理の一部分であり（『講論』三八頁）、残りの真理の部分はメシア（文鮮明）が徐々に発表してきている。つまり一九六七年に発行された『原理講論』は真理の一部分であり、その後残りの部分を文鮮明が次から次へと語り示しているということなのである。

もう一つには、協会が「対策」として、『講論』には〝ある理由〟があって誤りも含まれていると教育している（信者が『講論』の誤りを指摘されても目覚めないように、そう教え込んでいる。〝ある理由〟については数多くあるので、ここでは省略する）ために、そういう発言になって現われている。地域によっては「御言葉集」は「成約聖書」であると教えている（既成の聖書・『講論』より上回っているという意味)。それらのことをまとめると、協会の教えでも信者の捉え方でも、文鮮明の語ることと全ての行いが唯一〝間違いのない絶対的真理〟ということになる。そういうことから「神の代弁者」「生きた神の実体」「神と文鮮明は不可分」と言われる。協会副会長である周藤健にいたっては、真のお父様(文鮮明)は人類史上、唯一、人生の中で嘘を言ったことがないお方である、と称賛している。最近の協会の様々な教えから、信者にとっては文鮮明の全ての言動が〝教典〟となっているのである。文鮮明が『講論』の教えと反対のことを語っても、反対の行いをしても、文鮮明の方が全てに優先され、正しいのである。

協会の教えと信者の思考、思いがそうなっている以上、説得において『講論』の誤りの指摘

『御旨と世界』

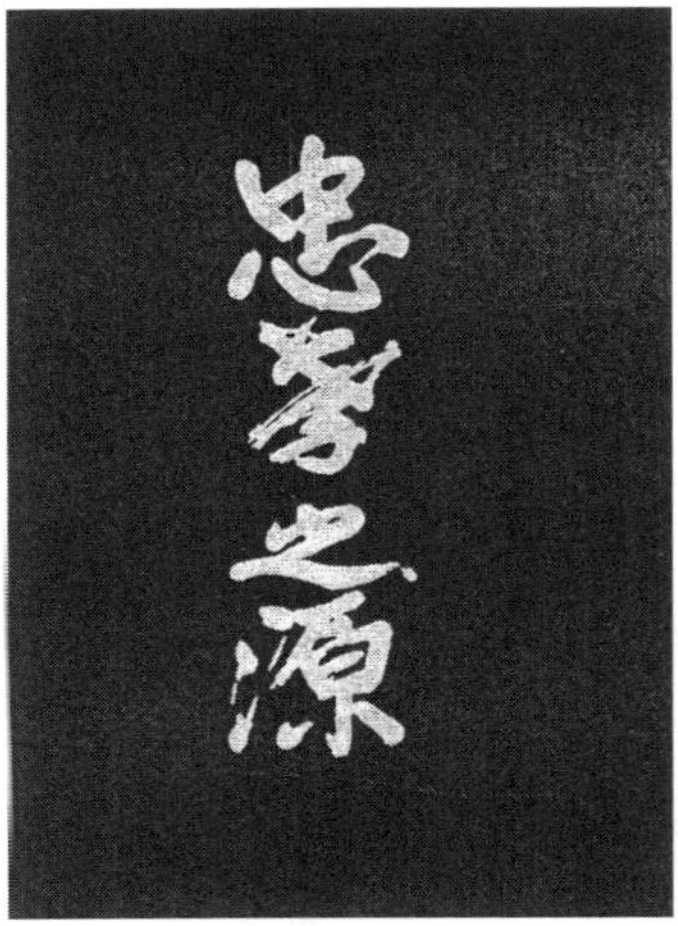

『忠孝之源』

だけですっきりと目覚めることは、難しくなってきている。そういう点では、本章の「他の教義の誤り」の中で示したように、文鮮明の様々な「言動」の検証が非常に重要であり、それが信者を目覚めさせることに大いに役立つこととなる。本章の⒅に文鮮明の語る〝教典〟の各論理を示したが、これを徹底的に叩くことが重要である。⒄においては信者の思考、心理状態を二元的に分けて示してみた。今日、信者を目覚めさせるポイントとして「文鮮明の呪縛からの解放」ということに力点を置いた説得が求められていると、私は考えている。

⒇ 文鮮明の誤りイコール信者の信仰の誤り!?

協会の巧妙なマインドコントロールによって、信者は多面的な思考を持たされている。例えば、普段はメシア（文鮮明）は全てにおいて間違いのない人だと信じているが、説得を受けた際、文鮮明の言動の誤りを指摘されると、頭に防衛本能が働いて、その誤りを次のように考える。深い意味があってメシアはそう言っているのだとか、メシアはある理由があってウソを言わざるを得ないのだと。そしてメシアに疑問を持つことは罪であるとの教えを思い出し、「思考停止」が働いてしまう。しかし、口には出さないが内心は動揺している。だからそれを守るために前述したような〝教え〟が働くのである。守りについては前述した通り協会の巧妙なマインドコントロールのせいであるが、ではなぜ誤りの指摘に動揺するのか。それは信者はあくまでも教義が真理であり、メシアは間違いのない人であると信じ、善の世界と善なる人間を求めているのである。協会に善悪の判断基準を様々に転換されているとはいえ、やはりその求めている本質は消えていない。だから信仰を続けていけるのであって、一〇〇％協会のロボットになっているわけではないのである。協会上層部もそのことを充分に分っていて、常にマインドコントロールの強化に務めているし、協会の「ウソ偽り」がばれるのを恐れて「対策強化」に余念がないのである。

こういうことで、信者は〝奴隷〟であっても、信じる源（原点）はしっかりと残っている。私はこの点を説得の際、重要視する。信者にはできるだけ、その信仰の源（原点）を〝主体性〟を持って語ってもらう。これは信者にとって嫌なことではないし、自分の信仰は一定、尊重されているのだと思うのである（恐怖型信仰の人には、その恐怖の元になったことを主体性？を持って語ってもらう）。それからその主体的信仰の真理性を検証するようにしている。このことは誤りを悟るための近道となる（勿論、いつもこういうパターンになるとは限らないが、できるだけこういう方向に持って行くよう心掛けている）。

さて、信者が文鮮明をかばうという話に戻ろう。説得の場において文鮮明をかばうのは、冒頭に述べた理由とはまた別の深い理由がある。信者は文鮮明を崇拝し、文鮮明こそが真の愛を持った完成した人間だと信じて、それを目指している。文鮮明の全てが信者の手本になっているのである。それは文鮮明のようになりたいという強い願望である。信者はそういう思いが昂じて、自分が文鮮明自身になったような気持ちになっている（一体化現象）。そういう状態になっているので、説得の際、文鮮明の言動の誤りを指摘されると「自分自身が誤りだ」と指摘されていると感じる。そしてその誤りを認めると自分が自分でなくなると思うのである。文鮮明は正しい人だから自分も正しい人、の図式が崩れるのが恐いのである。正しいと信じて頑張った基《もとい》が揺ぐのである。だから守り、かばい、抵抗するのである。逆にこのことを認めると、自分の信じてきたことが誤りだということになる。結局、これを素直に認めるということは目覚めることに繋がる。そういう点では家族はしっかりと信者の相対姿勢（心を開き、応対すること）を持続させて、説得者は文鮮明の真の姿（〝信者の姿〟）、数多くの偽りを〝事実〟に基づいて数多く示すことが大切である（一つや二つの偽りであれば、冒頭に述べたような思考で逃げてしまうこともあるので）。

〝文鮮明教典〟の数多くの虚構を示されて目覚めた信者に感想を聞くと、「初めは懸命にかばっていたのだけれど、もうかばい切れなくなった」と語る。そこで、自分のことも一緒に？と聞くと「はい」と答える。

第七章　救出のための家族の取り組み

カウンセラー

　これから述べていくことは、献身者等の一定のレベルに達している信者を対象にしている。信者が家族の希望通り、説得者を交えて素直に勉強（教義の誤りの検証）するということはとても難しいことである。なぜかというと、協会のマインドコントロールによって、批判や誤りを受けつけない思考、心理状態になっているからである。そのような信者を一体どうしたら素直に勉強する姿勢にすることができるのかを、これから順を追って説明したい。

1　納得して勉強することの重要性

　第六章の「説得の内容」の「(1)　勉強を始めるにあたっての必要条件」でも述べた通り、信者が勉強することに納得した状態の中で説得者が入らない以上は、教義の誤りを悟ることは難しい。それでは家族は信者を納得させるために何をなすべきかを、ここで説明したい。まず、

「なぜ勉強しなければならないのか」を、筋を通して話し、納得させることである。更に勉強には第三者（説得者）の存在が必要不可欠であることを納得させることである。また、それは自宅以外の場所で行うのが望ましいということを納得させることである（これはあくまでも親がそれを必要とした場合に限る）。以上三点が救出を成功させるための第一に行うべき必要条件であり、家族が行うべき義務である。しかしそれは信者が簡単に納得することではない。それは協会が信者の離教を防ぐために施している、いわゆる反牧対策（家庭対策）の中で最も力を入れて教えていることだからである。

その内容を簡単に説明すると、協会は「悪意に満ちた反対派が親に監禁を指導して、その部屋で信者を洗脳し続け、離教に追い込む」と教育している。この教えを要約すると、勉強イコール洗脳であり、第三者イコール洗脳を行う反対派であり、洗脳が終るまで監禁するということになる。信者はそれを真に受けて信じている。協会はこの反牧対策のためにビデオを十数本（『反対牧師の素顔』等）、書籍も十数冊（『強制改宗』等）作成し、それらを使って信者に「洗脳」「反対派」「監禁」の恐しさを植えつけている。従ってこの三点こそが第一段階で信者が一番抵抗を示すことなのである。これに親子関係が悪いと尚更、抵抗の度合いを増すことになる（親子問題・家庭問題の解決策は後で詳しく述べる）。

逆に救出する側としては、その三点について、協会の教えとは異なるという〝事実〟を示し、納得させなければならない。それができなければ、信者は協会が教えている脱会工作パターンと同じだと確信することになり、家族、説得者に心を閉ざしてしまう。そうなると救出は難航必至である。「私が言い聞かせれば納得してくれる」と、入信前の素直だった子供を想像して、親が〝安易な自己流〟を行使したために、納得どころか心を閉ざしてしまい難航、長期化したケースを私は幾度となく見てきている。時にはそのことが失敗に繋がりかねない。親も甘く見てそうしたのではないのだろうが、やはり統一協会にマインドコントロールされた信者の〝真の姿〟を知らな過ぎたのである。結局、信者に「勉強会の意義」を認めさせて、「納得した状態」で勉強させることこそが救出の近道なのだ。それをクリアーしてこそ、説得者の存在が生きてくるのである。

さて、読者としては、親が何をどう〝語れ〟ば三点のことを信者が納得するのかを知りたいのだと思うが、残念ながら、それを詳しく書いてしまうと、この本を読んだ協会幹部が信者に〝対策〟を施してしまうので差し控えたい。それらのことは原理運動被害者父母の会での勉強を通じて、いずれ分ることである。もっとも、そのことを言葉で分って、それを誰かが信者に語りさえすれば納得して心を開くということではない。それを語るにふさわしい人が語らなければ通じない。次にそのことを詳しく述べていきたい。

2　家族は信者の心を開かせるカウンセラー

私の長年の経験から、マインドコントロールされた信者の心を開くための鍵は、本物の愛情と本物の根性を持って、本当の筋の通った話をする人であると実感している（なぜ〝本物〟〝本当〟を強調したか。それは見せかけでは通じない、ということを言いたいからである）。いくら信仰が長い人にでも、いくら信仰の強い人にでも、愛情を持って接すれば、その愛は受け入れられるものだ。また信者は命を賭けて向ってくる人には一目置いて応対する。そして理路整然と語ってくる人には逆らわず、耳を傾けるものである。この三つの要素を兼ね備えた人が理想であり、そういう人こそが、信者と〝真の会話〟をして心を開かせることができる。

これこそが救出の秘訣である。こういう要素を本質的に持っている人が家族の中に一人でもいると、救出の近道となる（多ければ多い程良い。勿論他の家族がその人に全てを任せるという意味ではなく、その人を中心として一致団結するということである）。

本来救出においては一家の柱である父親が〝語り手〟を担当するのが自然であり、その父親がその三つの要素を持っているのが理想的である。しかしこの三つの要素を兼ね備えた父親（家族の中にも）はそうはいない。それではどうすれば良いのか。それは救出前にその三つを身につけて〝変身〟することである。言葉で言うのは簡単だが、これは難しいことである。特にこの本質から離れている父親（家族）程大変である。それはある意味、〝生き方〟を変えるということなのであるから。しかし、これなくして、一定のレベルに達してしまった信者の心を開かせ、冷静かつ客観的な目を持たせて、教義の誤りを悟らせるのは難しい。

さて、どうすれば三つの要素を持った〝救出者〟に〝変身〟することができるのか。これもまた読者の興味のあることだと思うが、やはり詳しく書くことは差し控えたい。協会がそれを知って信者に新たな〝対策〟を施してしまうからである。ただ、簡単なヒントを述べると、早めに〝変身〟できるかどうかは、わが子（信者）を救出しようとする動機にかかっている。例えば「世間体が悪いので離教させたい」とか「せっかく良い大学に入ったのに、それをフイにしてしまう」等、いわゆる親の立場とか親の期待からずれるということを救出の動機にしている親は、変身するのが相当に難しい。それは先に述べた三点の要素の一つである〝本物の愛〟がまず欠落している。「わが子は被害者であるけれど、同時に社会で罪を犯しており、また他の真面目な人たちを犯罪組織に誘いこみ加害者になっている。これは親として社会人として決して放置しておけない」とか、「わが子の犯罪行為を知っていて放置しておくことは共犯者に等しい」ということを救出の動機にしている親は、比較的難しくない。すでに三つの要素をある程度持ち合せているからである。

3　救出難航の原因と真の解決

私が救出に携わっていて、極端に難航したケースは全て、親子問題を抱えていた。それは親と子（信者）の確執であり、特に子供が親に強い憎悪の念を抱いている場合である。それも家族がその問題を隠して、解消策など考えもせずに本番に臨んだため、子供から激しい勉強拒否の姿勢や親に対する恨みの言葉が出て、親が甘かったと気づき、救出の危機を感じて説得者に泣きついて、確執の事実を語り出すのである。突然その話を聞いて、直ぐに関係修復などできるものではない。結果、難航の一途を辿ることとなる。勉強どころではない。

私の体験から言って、信者が親（父もしくは母、または両方）に強い憎悪の念を抱いていて、その問題の解決なしに救出の場で教義の誤りを悟り、完璧に目覚めて自主的に脱会したというケースは皆無である。恨みが先行して、心を開いた勉強など成立しない。この障害物を取り除かないかぎり教義の誤りなど見えないのである。本章の5、6、7節に難航する原因を協会の教えに基づいて解説している。

このことは、親にとっては、我が子を救出するために自力で取り除かなければならない巨大な岩のようなものである。信者にとってはそれが教義を確信する要因であったし、救出の場では信仰を守り抜くための心のバリアの役割を果しているのである。喩えていうと、正しいと信じた教義を中心として、その周りに恨みという厚い毛皮が覆い被さっているのである。それを剝がさないかぎり、信者は決して中心部の教義を冷静かつ客観的に見ることができない。それを取り除くのは恨みの元を作った当事者である。心から反省の気持ちを持って、優しく、時間を掛けて、そっと剝がしてあげなければならない。それがきれいに剝がれると、我が子の心と目が開かれて中心部（教義）を客観的に捉えることができ、誤りを悟り、目覚めていく。親子問題の取り組みと解消策は次で具体的に示していきたい。

4　救出の場で、親子問題・家庭問題を解決するための準備

これは救出前から取り組むべきことである。親は自分の家庭の問題点（特に親と信者の間の確執）を整理し、反省すべきことは反省して救出に臨むべきである（どこの家庭にも問題は大なり小なりある）。協会の教えに基づいて問題点となる主なことを、脱会者の告白に基づいて次の5節に示した。これらの問題点を放置したまま救出に臨むことは危険性をはらんでいる。その問題点が大きい程、また多い程、救出の障害となってしまうからである。

信者は、例えば大嫌いな父親が何を語っても（それが筋論であっても）受け入れないし、ましてや勉強するなど納得しないのである。納得していない信者に説得者が何を語っても聞こえないし、何を示しても見えない。無論考えるなどということはしない。それでは決して教義の誤りを悟らないのである。そのようにならない為に、救出前に、何が原因で嫌われる父親になっているかを家族で分析し合い、その原因を明らかにして、父親に非があれば心から反省の気持ちを持つべきであり、次に子供（信者）との関係修復のためになにをすべきかを考え、その答えが出たら救出本番でどのように対処すべきかを身につけ、それから救出に臨むべきである。

もっとも、これは一つの例を挙げたに過ぎない。その外の問題点も同様の方法で対処できる力を身につけておくべきである。そして救出本番で時間をかけて徹底的に話し合い、詫びるべ

きことは詫び、誤解であればそれを解き、心から許し合い和解することである。そのことが救出の重要なポイントである。それによってはじめて、親子が家に帰ってからも良好な関係を維持でき、家こそが再出発にふさわしい場となり、ひいては社会復帰を早めることにも繋がるのである。

この取り組みがいかに重要であるかを、協会の教えに照らし合わせて次に図解で示して行きたい。信者の育った家庭でこれらの要素が多ければ多いほど、理屈を越えて統一原理の教え（神の創造目的である真の家庭）を正しいと実感している。こうした家庭の両親が救出時に信者の心を開かせようとして語りかけても、困難である。なぜなら、その言い分も、その姿、声もサタンの誘惑のように聞こえるからだ。そして、両親の狙いはまたあのサタンの家庭に自分を戻そうとすることだ、と思うからだ。「私は二度とあのような偽りの家庭に戻りたくない。私はこの信仰を守り抜き、神の願いである真の家庭を築くのだ」と強く決意する。救出は難航必至である。

5　統一原理の教え（真の家庭と偽りの家庭）

尊敬する両親、大好きな両親、と思っている信者は、この教えを形式的にしか捉えていないので、あまり心配する必要はない（そういう信者はほとんどいないが）。逆に教えと家庭の実態が同じであれば、実感しているので強固な信仰となっている。

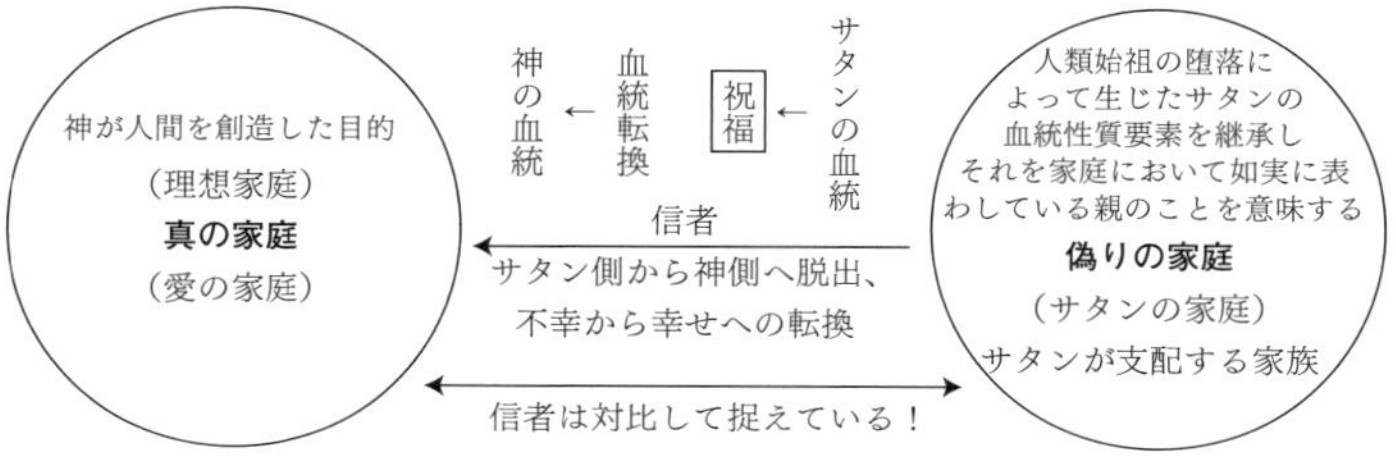

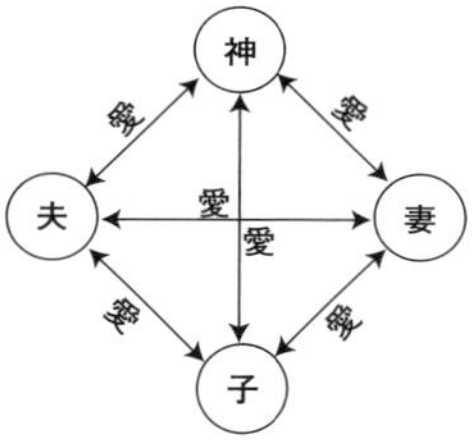

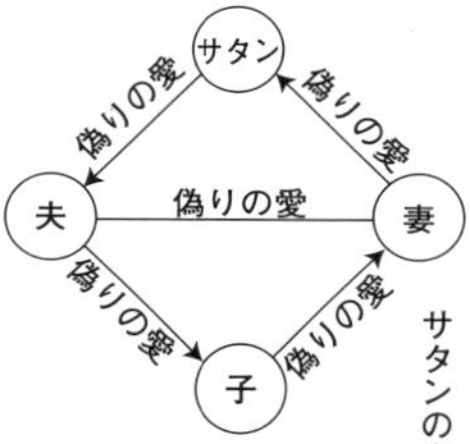

愛あふれる家庭
思いやりのある家庭
神と一体化した家庭
三対象の愛と犠牲を実践する家庭
神の性質（愛）を継承した家庭
明るい家庭
本心で話し合う家庭

これらはサタンの血統堕落性から来るもの

サタンの血統性質からくる現象

思いやりのない家庭
夫婦仲が悪い
耐えている母（父）
父のグチを言う母（父）
自己中心的な父（母）
明るくない家庭
家族の会話のない家庭
親と子が本音で話し合わない家庭
ワンマンな父（ワンマンな母）
主体性のない親（現実逃避型）
気が短い親、暴力を振う親
外面が良く内面が悪い親
世間体を気にする父（母）
超教育ママゴン（パパゴン）
不倫問題を起こした父（母）
子供（信者）に憎悪の念を持たれている親

（注）協会がこういう図を使って実際に教えているということではない。家庭問題を多く抱えていた信者が協会の教えを受けてこのような思考状態になっていたということである。（脱会者の回想録より引用）。

6 「堕落論」の教えによる実感度合と話し合い開始時の心理状態

修練会での「堕落論」の講義の狙いは、自分が今まで考えていた愛や性が自己中心的なものであり、それらが罪の源（原罪）から発生しているという教えを受講生に受け入れさせることにある。それに対して、真の愛というのは神を中心として神の定める秩序に従った愛であり、神を心の中心に据えて成長していった男女が最後に結ばれることを示す。特に、親との間に確執を持つ受講生の中には、人類すべてが堕落人間であるということを知って、自分の親もその中の一人であると客観的に捉えるようになり、長年の葛藤から解放されて心の整理をつけることができたという気持ちになる人もいる。「堕落論」にはそういう狙いも含まれている。また親の愛が希薄だと感じている受講生が、講義を聞いて「親も堕落人間で真の愛を知らないので止むを得ないのだ。私がこの真理（真の愛）を学び、歩むことによって、愛の完成者となって、自ら親を救済していく」と捉えるようになれば、受講生の抱えている親子問題と「堕落論」の考えが一つに結びつき、解決可能であると思い込む。また家庭問題が多い人ほどこの教えによって自分が救われ、変わることができたと実感するし、あらゆる家庭問題を解消できると思い込む。

話し合い開始時の信者の心理状態（親に勉強会を提案された時の心理状態）

教義の実感度合 ⟷ **話し合い開始時の抵抗度合**

比例することになる

「私は親を救済しようとして頑張っていたのに、このようなことをして（その思いの強かった信者ほど反動となって怒る）全くの人格無視だ、ましてや反対派と結託して私の信仰を奪おうとしているのだ」と堕落人間の身勝手さ（親の言動）を再認識することになり、落ちて（脱会）たまるか、私は絶対にこの信仰を守り抜くぞ、と強く決意する。この結果、長期化するか、話し合いの場を逃げ出すか、偽装脱会で親を騙して逃亡することになる。

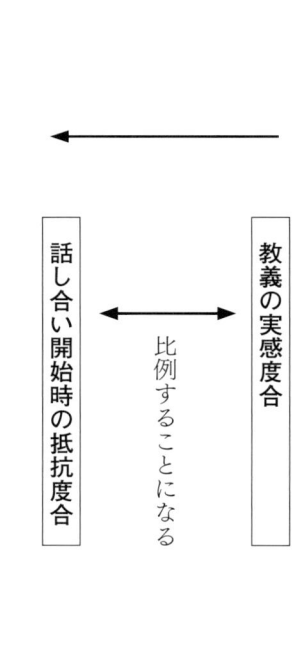

7　親に対する恨みを大いに助長させている協会の教えと演出

救出において、親子問題、家庭問題がいかに障害になるかということを、協会の教えに照し合わせて説明してきたが、最後に協会の教えと救出本番の実態を結びつけて、具体的に解説してみたい。

多くの脱会者の告白によると、親子問題（特に親と子の確執）を抱えている受講生ほど、協会の教育課程の中で徐々に悲劇の主人公として仕立てられていく、と語る。その辺のことを[*1]詳しく聞くと、その原因はビデオセンターのカウンセラーに始まって、各コースの教育スタッフの影響によるところが大きいという（これは皆、脱会後に気づいたことである）。第二章の4でも述べたが、教育スタッフは受講生に生い立ちや悩みを詳しく告白させる。特に親子問題を抱える受講生には「辛かったね」「あなたの気持ちはよく分かるわ」と、同情の言葉をやさしく語りかけ、時には涙を流す。受講生を悲劇の主人公に仕上げるための常套手段である。更にスタッフは「これから『講論』を一生懸命に学ぶことによって、そうなった原因も解決策も必ず見いだすことができますから、頑張りましょうね」と次のコースへ進むことを勧める。

悲劇の主人公になった受講生が何度も「堕落論」を学んでいくと、確かにその原因と解決策が見えるように思えてくる（詳しくは第七章の6を参照）。同時に真の家庭と偽りの家庭という二元論にも確信を持つに至る（詳しくは第七章の5を参照）。親子問題を抱える受講生は、悲劇の家庭を脱出し、希望の家庭を目指して旅立つことを決意する。この時点では一見、自分が悲劇の主人公であったことを忘れたかのように思えるのであるが、実はそうではないのである。そのことについては後で詳しく述べたい。

更に協会は「恩讐を愛せ」（敵や恨みを持つ人までも愛せ、という意味で使っている）ということを教え込んでいく。この教えによって、今まで恨んでいた親を愛そうと務めるようになる。例えば、たまに帰省した際は親にやさしく接したり、率先して家事の手伝いをするようになる。この〝変身〟ぶりを見て親は喜び、協会は良い所だと思い込むこともある。いずれ救出をしようと思っている親は、やさしく素直な我が子を見て、容易に救出ができると錯覚してしまうケースもある。

実はこれは大きな勘違いである。そのことも後で述べる。受講生本人も喜ぶ親の姿を見て、自分は協会の素晴しい教えによって愛せなかった親を愛せるようになったと思い込む。しかし実際は、協会の巧みな教え込みによって、自分は変ったと思い込まされているだけであって、本質は何も変っていない。いや、むしろ悪くなっている。その証明は〝救出の場〟においてははっきりと現われてくる。〝親の身勝手〟な言動に怒り心頭となり、強烈な抵抗を示す（場合によっては親を完全無視する）こととなる。「恩讐を愛せ」や「親の救済」という教えなどぶっ飛んでしまう。そして教育課程でスタッフが大いに助長して作り上げた悲劇の主人公が、ぬーっと姿を現わす。その結果、入信前の親子関係に戻るどころか、それ以上の恨みつらみを抱いて親と闘うことになってしまう。それは信仰を守り抜くという強い決意となって心を閉ざすことであるし、協会で習った様々な「対策」を行使することに繋がっていく。

結局、協会のマインドコントロールによって、受講生（信者）本人は愛を持つ人間になったと思い込まされているだけで、実際は入信前より更に、親に対する恨みを増していたのである。ここに統一協会の恐るべき本質が如実に現われている。

親子問題を抱えていて救出を目指す家族は、これらのことを肝に銘じて、先に述べてきた解決策をしっかりと身につけ、勇気を持って立ち向かっていただきたいと念願する。

＊1　**教育スタッフ**――一見悪者のように見えるが、彼らは全く悪気がない。自分たちが入信した時にされたことを同じく繰り返しているのと、上層部から与えられる指導マニュアルに忠実に従って指導し、演じている。受講生を幸せに導くことを目的として懸命なのである。従って彼らも犠牲者なのである。結局、上層部はスタッフと受講生の両方を騙しているのである。

8　協会の「対策」を知って対処法を身につける

信者は、家族に勉強会への参加を求められた時にどう対処するかを、教育されている。そのことを協会内では「対策」と呼んでいる（家庭対策、反牧対策）。対策を大きく二つに分けると、一つは「勉強部屋の対策」である。もう一つは「説得者の教義批判に関する対策」である。どちらも、信仰を失わせないために、様々な「知恵」を施している。「勉強部屋の対策」は様々にあるが、全ては家族や説得者に真に「心を開かない」ための作戦であって、最終的には協会に逃げ帰ることを目的としている。「教義上の対策」は協会の嘘や偽りを悟られないために、事前に批判に対する免疫をつけておくことである。最近は教育過程で徐々に対策を盛り込んでいき、自然に「対策」が信者の身についている傾向にある。また、家族が反対派に繋がったと思われる信者に対しては、徹底的に対策講座を行う(「保護」されないことも含めて)。

家族は、救出前にこの「対策」はどういう内容かを知っておく必要がある。この「対策」を知らないと、信者に騙されて逃亡されたり、難航、失敗することになりかねない。

では家族が「勉強部屋の対策」の内容を知るためにはどうすべきか。それは協会が発行している「対策講座」や「対策本」を数多く所持している人に会うことである(説得者や脱会者が所持している場合が多い)。そしてできるだけ多くの内容を把握することである(父母の会でも相当数所持して、勉強会に役立てている)。また、この「対策」への「対処法」を教えてくれる経験豊かな説得者に出会うと更に良い。例えば、家族を騙そうとして偽装脱会を仕掛けてきた場合の判断法と、その対処法を教えてくれる。また、勉強部屋で〝様々な術〟を使った場合の見分け方と対処法も教えてもらえる。尚、「教義上の対策」については、難しい内容が多く、それを突き破るのは説得者の役割なので、家族は無理をして学ぶ必要はない(これは当会の考え方である)。

家族の保護に対する協会の「対策」本

以上、家族は「統一協会の対策」への対処法をしっかりと身につけて救出に臨むべきである。もっとも、家族のしっかりとした取り組みによって、信者が完全に納得した状態で勉強に臨むようであれば、対策を行使することはない。それは協会で教えられた脱会工作パターンと異なる現実を認識するからであるし、心を開いた信者にとっては、「対策」を行使して抵抗する理由がないからである。そういう点では、納得して心を開くということは非常に重要なことである。

但し、「教義上の対策」はまた別である。信者はこの時点ではまだ協会が離教を防ぐために施した「策」であるとは分らないので、教えられたことを主張する。それを屁理屈などと批判しても通じない。説得者は「教義上の対策」を事前によく研究しておき、それを突き破る説得をする必要がある。

＊「保護」とは、統一協会との連絡を自ら絶って、自ら勉強する生活に入ることを本人が納得すること。

9　難航した事例に学び、救出の糧へ

(1)「決意する」とは

「決意」を辞書で引いてみると、〝意志を決めること、決心〟と書かれている。その意味の通りで、信者はどんな時でも、よくこの言葉を使う。例えば、伝道する時に「決意して頑張る」と言えば、ただ頑張るのではなく、「絶対に伝道するぞ!」と決心し、気合を入れて伝道することを意味する。このように自分自身に言い聞かせたり、また自分の上司から言われたりもする。そしてその決意は中途半端なものではない。一度決意したら、徹底的に頑張り通すのである。

(2)救出本番で――話し合い

救出時に、親子の話し合いが上手くいかず、中途半端のまま決行してしまうと、子供は完全に「決意」してしまう。この場合の「決意」とは、絶対に統一協会をやめない、絶対に話を聞かない、偽装脱会をして統一協会に戻る、などである。そのため、決意する前に心の通った話し合いをして、納得させることが重要である。そして、勉強しようという約束を確立するべきである。これは、後々まで相対姿勢(心を開き、応対すること)確立に影響を及ぼす。

もし、話し合いが上手く行かず、子供が決意してしまったら、家族やカウンセラーの示すこ

とは見えないし、聞こえない。統一協会の教義を客観的に捉えることができず、協会の考えを守り抜く。全く疑問を持たず、考えようともしない。場合によっては黙秘する。これは〝馬の耳に念仏〟〝石のお地蔵さん〟のような状態で、長期化必至であり、こうなってしまった信者の心を開くことは至難の業である。

(3) 話し合いが上手くいかず、「決意」してしまうのはなぜか

家族の話し合いが上手くいかず、信者が決意してしまう原因は、事前にしっかり取り組んでいなかった親にある。なぜ、子供は親の話を受け入れなかったのだろうか?

それは、信者の入信前の環境に要因がある場合が多い(親子問題、家庭問題)。入信前の環境に問題があればある程、統一協会の教義が正しいと信じ込む。教義の内容と自分の育った環境を照らし合わせて、更に教義が正しいと実感し、この教えこそが真理であると確信するのである。確信を持った信仰になっているからこそ、この信仰を捨てたら自分が自分でなくなる、だから絶対に守り抜く、という強さになっているのである。この強い信者に、その要因を作った親が今までと変わらない状態でいくら語っても、通じない。従って、親は問題点を全て総括し、変身して臨まなくてはならない。

【例】

話し合いが上手く行かず、難航した後に救出されたケースで、元信者が当時を振り返って語

ったこと。

〔救出本番の心境〕

○絶対に落ちない（止めない）決意をしていた。

○真理を知ってから落ちたら（止めたら）地獄行きだと思っていた。

○なぜ、統一協会を止めて堕落世界に戻る必要があるのか？

○原理（統一協会の教義）は、自分自身だ。

○退会することは死に等しい。

○必ず、統一協会に戻ってやる！

〔決意して作戦を考えたこと〕

○長期化を狙って、家族のギブアップを狙う。

○偽装を続け、家族達を騙して脱出のチャンスを狙う。

このような信者に対して、右のような気持ちをぬぐい去り、勉強するという前向きな姿勢（相対姿勢）を確立するのは、非常に困難である。

(4) **救出本番において**——話し合いの部屋

話し合いもそこそこ上手くいき、勉強部屋に入ったとしても、信者は気持ちが揺らぎ、様々な思いが湧いてくるものである。すると、信者は家族に対して反抗を始める。この時、親が子供に対して適切な対応をすれば収まるが、親が対応を誤ると右の(3)の例のような状態になる。
そこで、親の誤った対応の一部を挙げてみよう。

○言ってはいけないことを言う。

○感情走った言動をする。もしくは、子供に言い負かされて黙り込む。

○子供の言動を放置する。

○勉強してくれと子供に頼み込む。

○子供に言い負けて、暴力を振るう。

○子供の気持ちを無視した自分勝手な言い分をまき散らす。

○カウンセラーに助けを求める。

親は、信者は強いということを教えられていても、「我が子に限って」という思いが強いが、我が子の強い、今までに見たことのない姿を見て、初めて我が子も強いと気がつく。しかし、それでは遅いのである。「我が子に限って」と思っていた親は、対応の仕方が分らない。そして、右記のような行動を取り、信者は決意を固めていく。

例えば、言ってはいけないことを言う、感情走った言動、自分勝手な言い分などには、自己中心的な親だと再認識する。もともといやだった自己中心的な親の姿を見て、やはり統一協会の教えは正しいと実感し、信仰が深くなり、「絶対に止めない！」という決意を固めてしまうのである。

また、カウンセラーに助けを求める態度は、信者にはカウンセラーが親を操っているように見え、保護されたのは親がカウンセラーに騙されたからだ、と思ってしまったら、悪者になったカウンセラーの話を聞くはずがない。それこそ、「カウンセラーの話は聞かない！」という決意を固めてしまう。

(5) 勉強部屋において決意させないためには

先ず、甘い考えを捨てることである。「我が子に限って」という気持ちは、絶対にダメである。そういう安易な気持ちがあるから、勉強部屋に入ってからの子供への接し方に真剣に取り組まないまま本番を迎えてしまうので、いざとなると、どうしていいか分らなくなってしまうのである。「我が子に限って」という気持ちを一切捨てて、真剣に取り組まなくてはならない。

それと、他力本願な思いを捨てることである。救出は大変だと聞いていても、勉強部屋に入ってしまえばカウンセラーが何とかしてくれるだろう、と考えている親が沢山いる。これも安易すぎる。親がカウンセラーにすがる態度を、子供は冷静に観察し、状況を把握していく。そして、カウンセラーの話は聞かないという決意を固めていく。カウンセラーは悪者だという信者の思い込みを変えるには、相当な時間がかかる。「カウンセラーは悪者だ」という気持ちが消えなければ、カウンセラーの話は信じられず、間違いに気づくこともない。結局、難航し長期化するのは、取り組み姿勢の甘かった親が原因なのである。家族にしか救出はできないのだから、他力本願な気持ちを一切捨てて、真剣に取り組まなくてはならない。

⑹ 最後に

過去、難航したケースを振り返ってみると、統一原理が正しいのか間違っているのか、という勉強に時間がかかるのではない。心を開いて勉強するという状態になるまでに時間がかかるのである。たとえ勉強しているようでも、ザルで水をすくっているような状態で、全く無意味な場合が多くある。それは、みせかけの勉強だからで、既に決意してしまった信者は、外見は勉強しているように見えても、心の中では「話なんて聞くものか！」という思いで一杯なのである。聞いているふり、見ているふりをしていて、本当に正しいのか、間違っているのかを検討しながらの勉強ではない。これでは永遠に間違いに気づかない。間違いを指摘しても、統一協会と文鮮明の悪口を言っているとしか聞こえないのである。このような無意味な状態での勉強なのに、親は、勉強さえ続けていれば間違いに気づく、と錯覚してしまう。子供は親の心を見透かし、状況を冷静に判断し、偽装脱会を試みて親を騙す。子供は間違いが分ったと涙を流し、親に詫びて、部屋から脱出しようとする。親は子供の演技に騙され、言ってはいけないことを喋りだし、最悪なケースでは子供を部屋から出してしまう。一度流れが狂ってしまうと、止まらない。このようなケースが決して少なくないのである。

また、多くの信者は、統一協会によって救われた、という実感を持っている。理論を越えて教義を実感し、情的にも捉えている。統一協会のことを情でかばい、情で守る。子供を相対させなければ、信者は自分が実感したものを大切にしているので、いくら勉強しても間違いに気づかない。

それと、統一協会は「愛が大切」と教えており、情のない環境で育った信者は統一協会の教えや信仰生活に情を感じて、心情的信仰に陥る。統一協会の〝愛〟に引かれるのである。そして、統一協会によって愛を知ったと実感する。親からではなく、文鮮明夫妻から本当の愛を教えてもらったと思っている。このように、理論・理屈だけでなく、情的な面も大切である。我々一般人も、二四時間理論・理屈で生きているわけではない。情的なこともかなり生活に影響を及ぼしている。情のつながり、精神的充実、愛情の受け授けは心を和やかにする。救出に立ち向かう親が、統一協会の愛以上に本物の愛を示す以外に救いの道はない。

見せかけの勉強になる前、偽装脱会をされる前に子供を相対させ、真剣に勉強をさせて、客観的に捉えさせることができれば、間違いは分る。相対姿勢を取らせることがとても重要なのである。

親の問題点を全て総括し、甘い考えや他力本願な気持ちを捨て、親・家族が真剣に取り組み、愛をもって子供に接することが、救出につながる。

10　説得姿勢（対応）と家族に望むこと

説得中の説得者及び家族の姿勢（対応）によっては、信者の目覚めを早め、更に社会復帰をも早めることになるという観点から述べてみる。

私は信者を説得する際、「マインドコントロールされた哀れな被害者」などと意識して接することのないように務めている。信者は自ら主体的に教義を信じ、信仰生活の中で頑張っているという捉え方で臨むように務めている。私が今まで解説してきた、信者は協会にマインドコントロールされている、ということとは矛盾したことを言っているが、「務めている」という言葉に注意してほしい。

マインドコントロールされている人に接する時に、そのことを強く意識していると、口調、態度に表われるものだ。信者はそういうことに敏感である。あわれみや先入観を持ち過ぎて接することは、信者の最も嫌うことである。主体的に信じて頑張っている、という捉え方で接した方が、信者は自分の人格が尊重されていると思うのである。

これは説得者のみならず家族の方々にも通ずることである。しかし家族の方々にはこれが一番難しいことで、特に親がそうである。救出前に「批判文献」を読み過ぎ、子供（信者）は騙されたのだという思いが強過ぎて、それを救出の場で口走ってしまうことがある。またややもすれば親は感情を出し過ぎる。本人を目の前にすると、つい親の思いが先行してしまうのである。それが逆に信者の心を閉ざすことになるので、冷静さが求められる。そして、多くは言わないが、信者が一生懸命に頑張っている、その気持ちだけでも尊重して救出に臨んでほしいと思う。いずれ誤りを悟った時には、子供（信者）は親の苦労を分って感謝するのである。

子供が目覚めてからも、その頑張った気持ちだけは認めてあげてほしい。決して責めてはいけない。その頑張った時の気持ち、情熱までも否定されたら、彼らはなかなか立ち直れない。また統一協会から救出されたという素直な気持ちにもなれない。それが彼らの「最後の意地」なのである。

話を私の説得に戻すと、勉強中はお互いに同じ目線で論じ合い、検証し合うということを大切にしている。そういう中で信者が誤りを悟ると、私との間に友情関係が生まれる。そういう中で私は世界のため、先祖のため、家族のためによく頑張ったねと慰労の言葉を掛けてあげる。教義が誤りで、騙されたと悟ったとしても、それ以前はそれに気づかず本気でやっていたのである。その気持ちだけはいたわってあげたい。それがカウンセリングの原点であり、リハビリテーションの第一歩だと思っている。

その後一定の期間を経て皆、何らかの形で社会に融け込んでいっている（親が社会復帰を遅らせてしまうケースもある。その理由は第八章に詳しく記述されている）。新たな仕事に情熱を持って取り組み、成果が上った時は大いに喜びを味わい、職場の仲間との友情も生まれ、上司との信頼関係も築かれている。そして社会人としての自覚を持つに至っている。私は脱会者からそういう内容と感謝の言葉が綴られた手紙を数多く頂いている。

そして何よりも、社会に出て、協会にいたことが大いに役立ったという声をよく耳にする。彼らにとって協会生活は決して無駄ではなかったのである（勿論、協会に残ったままであったらそうはならない）。

私が二十五年間救出に関わっていて、脱会者の社会復帰にとてつもなく時間が掛かったというケースは記憶にない。それは元信者たちの献身的な協力なくしてはできなかったし、また、何よりも家族の命がけの救出への取り組み、無償の愛が彼らを社会へ送り出す手助けになったことは言うまでもない。

11　まとめ

「救出のための家族の取り組み」について重要と思われることを述べてきた。

救出の主役は家族である。家族の主体性が発揮されてこそ説得者の存在が生きる。これを勘違いすると危険である。過去に家族が甘い取り組みのまま見切り発車をして、難航、長期化した例を私は何度も見てきた。運良く脱会してもその後に問題を残すことがある。そうならないために、難航する理由と、そうならないための取り組みをくどいほど述べてきた。

今日まで救出に携わっていて、家族がしっかりと取り組み、真摯な姿勢で勉強に臨んだ信者が長期化したことは一度もない。教義の間違いに気づくのに、客観的に検証する気持ちを持った者はさしたる時間はかからない。家族の〝本物の愛〟を目の前にして心を開かない信者はいないからである。これから救出に取り組む家族は、この第七章を熟読して、救出とは決して技術だけの問題ではなく、愛と精神力も大きな要素であるということを理解していただきたい。

この他にも身につけることは多々ある。例えば救出における〝知恵〟や、救出のための準備の数々である。これらの詳細は父母の会の勉強会において救出経験者から学んでいただきたい。同時に、この章では救出の障害となるので差し控えた具体的な事柄に関しても、修得していただきたい。

第八章　脱会後のカウンセリング、リハビリテーション

カウンセラー

(1)　全ての教義が粋砕されていることが前提条件

脱会後のカウンセリング[*1]、リハビリテーション[*2]に入る前に、説得者が説得中及び説得の後半にやらなければならない大切なことがある。それは、教義の間違いを完全に悟らせて、信者自身にしっかりとその総括をさせることである。このことなくしては、脱会後の心のカウンセリングやリハビリテーションはあり得ない。

喩えていえば、足を骨折した人が、骨が完全に接合していないのにリハビリに入るのは危険であり、逆に悪化させてしまい、骨が接合しないまま曲がった足になってしまう。そもそも骨が接合されていないのに、弱った足の筋肉を鍛えようとして歩行を試みても、痛いだけである(信者は痛くて歩行しようとしない)。そういうことなので、関係者は、完全に骨が接合したのを確認した上でリハビリを進めるべきである。

＊1　カウンセリングとは、悩みを持つ人に対し、それを解決するための助言を与えることの意。

＊2　リハビリテーションとは、社会復帰療法の意。

(2) 全ての教義を粉砕する説得を行う

それでは、説得中及び後半に、説得者は何をどう行うべきかを述べていきたい。「説得の内容」についてはすでに述べているので、ここでは簡潔に「手法」を強調して述べたい。

説得中に、信者が間違いに気づいたと思われる兆候を示したとしても、勉強は止めないで続けていくことが必要である。例えば、「堕落論」の真理性を検証中に、その論理の誤りに気づいたとしても、そこで勉強を終らせないで、残りの各章の核心部分を全て検証させ、誤りを確認させることが大切である。たとえ信者がそのことに積極的でないとしても、続けるべきである。それによって、『講論』全体が誤りであって、決して真理の書ではないと悟るからである。

更に「説得の内容」の箇所でも述べたように、「主の路程」の虚構等、『講論』以外の様々な教えの誤りも一つ一つ確認させることである。特に最近、協会がマインドコントロールを強化して、「霊界の恐怖」に利用している「霊界通信」「清平修練所」の誤りとカラクリを暴露し、霊界の呪縛から解放すること。それによって協会幹部の真の狙いも見えてくることになる。

私は信者が早めに誤りに気づいた場合でも気を緩めず、『講論』はもとより、その他の「説得教材」のほぼ全てを用いて、多くの誤りを確認させるように務めている。信者の頭と心の中に〝教義の真理〟が残っていたら、たとえ脱会しても正常な生活を送れないし、最悪の場合は協会に戻ってしまうかも知れない。それは家族にとっても、本人にとっても悲劇である。

(3) 完全に目覚めているかの確認

あらゆる勉強を通じて、信者の頭と心の中に植えついていた、神観、罪観、メシア観、霊界が完全に粉砕されているかの確認が不可欠である。言葉を変えていうと、この四つの呪縛から完全に解放されているかを、説得者が見極めなければならない。特に文鮮明が詐欺師であるということを完璧に自覚し、彼に対する情が完全に立ち切れているかどうかの見極めが不可欠である。

このことは協会から離教するのに特に重要なポイントとなる。統一協会は文鮮明中心主義で成り立っている点の多い、いわば〝文鮮明教〟である。信者は文鮮明を崇拝し、文鮮明こそが真の愛を持った完成した人間だと信じ、彼を目指しているといっても過言ではない。その目標が蜃気楼どころか悪魔の実体であると知ることは絶望そのものであり、決別に繋がる。

(4) 教義の誤りを悟ることと失望感は表裏一体

教義の根幹が全て崩れると、おのずと協会の教える地上天国など実現不可能だということも解ってくるし、同時に、世の中には多くの問題はあるが、この教義によって解決などできないと知るに至るのである。ここまで来ると協会上層部の正体も見破っているので、協会に戻ることはあり得ないのだが、信者はそれらのことを頭で理解したからといって、すぐに割り切って方向転換することはできない。誤りを悟った直後から強烈な虚脱感や悔恨の思いが出てくるし、脱会後の不安も襲ってくる。それは今まで教義を真理だと確信し、地上天国実現のためにと日夜活動していたことの反動である。特に信者を支えていた神がいなくなり、希望の星であったメシアも偽物だと分り、完全に目標を失うのである。今まで目標があるからこそ心が支えられ、辛い協会の生活にも耐えてこられたのだから、心の支えがなくなると、不安になるのは当然である。

喩えていえば、祖国のため、家族のためと信じて、正義の戦争に命をかけて戦っている兵士がいたとする。戦場での毎日は辛く苦しいものであるが、唯一心の支えになっていたのは、祖国・家族・正義、尊敬する指揮官であった。またそれらが兵士の誇りともなっていた。それを、ある日突然、実はこの戦争は誤りであり、この戦争を指揮した最高責任者は詐欺師だった、従っておまえの今までの行いは誤りであり、犯罪であると言われたら、そのショックは計り知れない。何より心の支えと誇りを否定され、失ってしまう。一体、これからどうして生きていけばよいのか分らなくなるのである。そういう状態になった兵士と、誤りを悟った信者を重ね合せてみると、信者の心境がきっと理解できると思う。

私はこのように信者の心境を捉えて、カウンセリングをしている。それでは、これからカウンセリングの具体例を示していくこととする。

(5) 脱会者の手助けを得る

過去に協会を脱会した人たちの講演収録テープを聞かせたり、手記を読んでもらう。場合によっては脱会者の方に来てもらい、直接話をしてもらう。これは私が時間をかけてケアーする以上のカウンセリングとなる。信者は涙して講演収録テープを聞き、手記を読み漁る。そして脱会した先輩の話に耳を傾け、自分の今の心境を切々と語る（脱会者の訪問は何度かした方が効果的である）。

このことによって、過去に脱会した先輩たちは真実を知り、誤りを悟り、失望の中からも勇気を持って新しい人生を歩んでいったということを知る。そして信者の気持ちも落ち着き、更に希望も湧いてくるのである。

(6) マインドコントロールされていたことを自覚させる

マインドコントロールについて書かれた書籍を読ませる。このことは信者にとって辛いことでもあるが、協会にいた時の自分の思考や心理状態を客観的に分析するのに役立つ。また、協会上層部の真の狙いも再認識することができて、自分は騙されていたということを更に認識することになる。但し、こういう関係の本は、時期を誤って早く見せると反発を買い、逆効果になりかねない。誤りをしっかり悟り、少し落ち着いてから読ませる方が効果を発揮する。

(7) 統一協会の存在は社会悪の一つであると認識させる

協会の犯罪を報道したものを見せて、現実をしっかりと直視させ、「犯罪組織の一員」であったことを自覚させることが大切である。これも信者にとっては辛いことであるが、この自覚なくして「統一協会と自分」の〝真の総括〟をすることはできないし、社会復帰に繋がっていかない。ここで注意しなければならないのは、それらの報道物を見せる時は、周りは静かに見守ってやることである。目覚めたのを、家族がこれ幸いとばかりに鬼の首を取ったように言えば、信者の心は傷つき、立ち直りを遅らせるだけである（罪を憎んで人を憎まず、という気持ちで対応してほしい）。

(8) 手記を書かせる

「心の整理」をするために手記を書かせることは効果的である。

信者が冷静に物事を捉えられる状態になってきた頃、私は手記を書くことを勧める。それは自分の歩みを振り返ることによって心の整理に役立つからである。

この時点まで到達してから書く手記は、「統一協会と当時の自分」がよく総括されており、また現在の心境もよく表われている。中には再出発の決意を書く人もいる。

(9) 何度も襲ってくる落ち込み現象とその解消策

立派な手記を書いたのを見て、周りの家族は全てが終了したと思いがちであるが、実は元信者（ここからこう表現する）にとっては、まだ協会生活の余韻が残っていて、その余韻と現実との間にあるギャップが、時折、落ち込み現象となって表われる。やはり強烈な信仰生活（心も体も）を送っていた元信者にとって、環境が急に変ったこと（協会生活から現実社会へ）にすぐ馴染むことはできないし、いつも周りにいて友情を温め合っていた仲間たちもいない。協会にいた時の目的であったものは誤りだと気づいても、新たな目的はまだ見えない。忙しい毎日が当たり前であったのが、今は時間があり過ぎて逆に落ち着かず、不安になる。常に上司に指示をされ、それに従うのに馴れた毎日であったのが、今は誰も指示してくれない。あまりにも変ってしまった様々なことに、不安と脱力感が襲ってくるのである。喩えていえば、戦場で上司の命令を受けて、敵を倒すことが任務とばかりに燃え、戦友とともに走り回っていた兵士が、ある日、休暇で帰省した直後に突然、終戦を告げられたようなものである。その後その兵士は不安と脱力感に苛まれる日々が続くことは明らかである。

勿論、元信者の場合は周りに家族がいるのであるが、家族は戦場の実態（協会の活動実態）は見たこともない、また兵士の心理（信者の心）もよく分からないのである。家族の対応の仕方にもよるが、時に良かれと思って言ったことが、逆に落ち込みを誘ったり、不安を助長することになりかねない（家族の対応については後に詳しく述べる）。

さて、落ち込みを解消するために何が効果的かを示していきたい。これは先にも述べたが、元信者との交流が非常に役立つ。先輩は誤りを悟った後にどのような落ち込みが出るかをよく知っている。なぜなら自分自身が同じようなことを体験して現在に至っているからである。やはり経験者がケアーしてくれるのが一番の解消策になる。

落ち込みの理由にもよるが、例えば「自分は七年に亘って一生懸命頑張ってきたが、教義の誤りを悟った。一体あの七年間は何であったのか。自分にとってまったく無意味なことであったのか」と悩んでいる時に、先輩は「残念ながら、教義は真理でなかったけれど、真理だと信じて一生懸命頑張った、その頑張ったことが今後の人生に必ず役立つことは間違いない」と励ましてくれ、自分自身の実例を具体的に示してくれる。私も脱会者が社会復帰して元気に頑張っている数々の例を出して、「全てが無駄だと思う必要はない。元統一協会員だということを必要以上に悔いることはない。〝あの頑張り〟を今後の人生の中で生かしてほしい」と話す。一見おかしな励ましのように聞こえるかも知れないが、このような励ましの言葉が元気づけることになるのである。

また落ち込みを事前に防ぐために、元信者同士の交流の場を設け、いろいろな会話をすることが効果的である。そういう会話の中で、協会にいた時のハプニングやら失敗談などがどんどん出てきて、腹を抱えて笑い出す場面もある。この笑いも解消に役立つ。また、元信者には歌の好きな人が多い。歌を歌うことで元気が出てきたということをよく耳にする。これも解消に役立つことの一つである。

このようなことを通じて段々と落ち込みも消え、元気になっていくのである。今まで述べた解消策は、自宅に戻る前にできるだけ数多く設けた方が良い。その方が家に帰ってからの落ち込みが少なく、軽くて済むからである。

⑽　家に帰ってからの家族の対応

第七章の4でも述べたが、救出の場において親子問題、家庭問題を解決して、良好な関係を築いてから家に戻るべきである。そしてそれをしっかりと維持していくことが大切である。教義の誤りを完璧に悟って、親子関係が良好であれば、あまり心配することはない。温かい気持ちで見守ってあげることである。あわれみや特別な気遣いは、元信者にとって逆にわずらわしいことである。自然体で接するのが望ましい。

本人が口に出した場合は別として、親の方から協会時代の話を突っ込んで聞かないことである。過去を掘り返しても意味はないし、親に聞かれるのは辛いものである。また、社会復帰を早めようとして親が意見を述べたり、指導するのも好ましくない（本人が特に求めた場合は別であるが）。落ち込み現象が起きた時は、基本的にはそっとしておくのが望ましい。但し、症状が重い時はカウンセラー（説得を担当した人）に相談し、適切な指示を受けることである。カウンセラーか元信者が訪問しカウンセリングすることで、解決できるはずである。あとは時間を与えてあげることである。喩えて言えば、職業軍人がその仕事をやめて、まったく別の仕事を直ぐ始めようとするとなかなかスムーズに行かない。それを周りがせかしてはいけない。まず休息を与え、次の仕事へ向うための準備期間が必要である。その休息と準備の時間は個人によって異なる。それは信仰年数、性格、本人を取り巻く環境、就職のための資格取得までの期間等と、各人の事情が異なるからである。

先に述べた通り、完全に誤りを悟り、親子関係が良好であれば、社会復帰は一定の時間を費やせば実現する。あえて家族が本人に特別なカウンセリングを施す必要はない。私はこれらのことを家族に指導し、家に帰っていただくのだが、その結果、これらの指導を守った家族の子供（元信者）は、皆スムーズに社会復帰している。その反対に若干時間がかかったケースもある。それは家族が指導したことを守らなかったために、そうなったのである。具体例を出すと、

①親が好奇心で必要以上に協会での生活内容を聞き出すので、辛い日々が続いた。
②親が就職をせかせたのでやむなく就職したが、うまくいかず退職し、落ち込み、その後再就職までに相当の時間がかかった。
③親が何度も人生論を語り、生き方を強要されることに嫌気がさして、再出発の気運が削がれてしまった。
④救出までの苦労話を何度も聞かされ、辛い日々が続き、家出することまで考えた。
⑤他の町に希望する仕事が見つかったが、親が許してくれず、しかたなく家にいなければな

らなかった、等である。

私が指導したことを破ってしまった親は、自らの言動によって子供の社会復帰を遅らせてしまい、親子関係までも悪化させてしまったのである。しかし、そういう辛い思いをした元信者たちも、それを乗り越えて、今は皆社会復帰して頑張っている。何度か戦場から戻って来た兵士に喩えて説明してきたが、最後にまたひとつの喩えで終りたい。元兵士（元信者）は家に戻ってから、戦場での〝過ち〟（協会での過ち）について家族には触れられたくないのである。戦争責任者（文鮮明・幹部）の誤った指導のもと、戦場に駆り出された犠牲者なのである。そして家に戻って疲れた心と体を休ませて、今度こそ自分の意志で新たな道を歩みだそうとしている。どうか暖かい気持ちで見守り、送り出してほしい。脱会者の今後の人生に幸多からんことを祈るばかりである。

⑾　カウンセリング・リハビリテーション以前の救出の原点

最近各地で救出に携わっている方々から「信者は、脱会はしたけれど、すっきりしていない。マインドコントロールの後遺症によって社会復帰が困難になっている。統一協会の教義の誤りや社会悪等は分ったけれど、心が止っている状態が続く。そういう後遺症があるから、脱会直後のカウンセリングを如何に進めるか苦慮している」という話が伝わってくる。私が説得に携わった信者も、脱会直後に落ち込み現象や多少の後遺症を残すことがあるが、一定の時間を経て皆それを克服し、社会復帰を果たしている。

私は右に述べたすっきりしないという脱会者を直接には見ていないので、原因を安易に言える立場ではないが、そういう話を耳にすると気になってしまい、つい自分の救出論をベースにして考えてしまう。それは「その脱会者は神観、メシア観、罪観、霊界論が完全に粉砕されて、目覚めると同時に協会に騙されたという確かな自覚があるのだろうか、そして協会と自分を振り返ってみて、しっかりと総括がなされているのだろうか。親子問題、家庭問題があったとしたら、それが解決されて親と子が再出発を誓い合ったのだろうか」というようなことである。

どのような救出の取り組みの中、どのような説得をしたのか、現場を見てもいないのに一人で気をもんでも仕方ないことなのかも知れないが、そのすっきりしない脱会者と心配されている家族のことを思うと、胸が痛む。

私は過去にすっきりしない脱会者のカウンセリングを相当数引き受けた経験がある。聞けば説得者は何ヶ月もかけて教義の誤りを指摘し、脱会後も時間をかけてカウンセリングを施したとのこと。しかしすっきりせずに、社会復帰ができない。それを心配した家族が私の所へ相談に来たものである。説得・カウンセリングを施してくれた先生の中には、救出に関する文献を出版している有名な方もおり、私は大変驚いたことを覚えている。

私はそれを引き受け、単に心のカウンセリングということではなく、私の救出論を初めからほぼ全面的に展開した。すなわち真剣に勉強する姿勢を家族が作り上げて、一から教義の検証を始めたのである。その結果、全員が教義の誤りを完全に悟っていなかったことが解った。目覚めた後に、各人すっきりしなかった当時の心境をこう語っている。

①文鮮明がメシアであるという思いが消えなかった。

②悲しみの神が頭から離れなかった。

③原理を知って協会を離れると地獄へ行く、という教えが頭から離れなかった。

④「堕落論」が残っていて、罪人の意識が消えなかったし、社会を見渡すといろいろな犯罪が多いので、「堕落論」はやはり真理かもしれないとの思いがあった。

等、各人様々な感想を述べているが、やはり神観、メシア観、罪観、霊界論の〝呪縛〟が残っていたのである。中には近々協会に戻ろうと思っていたという人もいて、付き添っていた家族がビックリしたというケースもあった。

一番難しかった点は、長い救出の期間を通じてすっかり親子関係が悪化していて、その修復に時間を要したことである。しかしそれも解決してからは、若干のカウンセリングを施しただけで皆元気になり、ほどなく社会へ復帰していった。

各地で未だすっきりしない脱会者の詳しい実情は分らないが、前述したように、私が引き受けた件に限って言えば、すっきりしなくて社会復帰できなかった原因は、教義の真理性がまだ頭に残っていたことと、親子関係が未解決であったことに尽きるのである。私はすっきりしない脱会者を放置しておかず、再チャレンジした家族に敬意を表した。救出は家族の存在なくしてはできない。家族あっての説得者である。そして、説得者の本分は「説得」である。勿論、信者の心のカウンセリング、リハビリテーションへの協力も惜しまないが、その前提は、家族の無償の愛から来る、命がけで諦めない取り組みであると思う。

第九章　救出経験者及び元信者の証言・手記

1　救出セミナー会場にて

――娘を救出した母親の体験事例に学ぶ

大橋三恵子（仮名）

司会者　こちらのご家族は、過去に救出に失敗して、五年後に父母の会を通じて再挑戦したのですが、救出前に真剣に時間をかけて救出論を身につけて本番に臨んだ結果、八日間の説得で娘さんが目覚めることができ、見事に救出に成功しました。本当におめでとうございます。娘さんは脱会してまだ二ヶ月程ですが、当会のお手伝いを一生懸命してくれています。心より感謝致します。今日はお母さんに皆さんの前で救出の体験談をお話ししていただくわけですが、お話の中で、過去の失敗談、更には一回目と二回目を対比した総括にも及ぶと思いますし、その際、一回目の時にお世話になった牧師さんの救出の手法についても触れると思いますが、その救出の手法と他の牧師さんの手法が同じということではありません。誤解なきようお願いします。それではお母さん宜しくお願いします。

母　救出は大きな勝負です。この勝負には絶対に勝たねばなりません。その主役は「両親」です。信者は、文鮮明夫妻が「真の父母」であり、両親は「肉の親」だと教え込まれていますが、私たち両親は「生みの親、育ての親」です。この気持ちで事にあたるべきです。皆さん強くなりましょう。

司会者　娘さんの入信を知ったのは、いつ頃ですか？

母　大学二年の初めに、霊の親（娘を伝道した人）の家族から知らされました。その時は、食事もノドを通らなかったです。

司会者　救出のためにどのような準備をしたのですか？

母　A牧師さんからは特に勉強らしきものは指示されませんでした。ただ、子供の考えの中にヒビを入れることが親の役割だと教わっていました。

司会者　A牧師さんに対して感じたことは？

母　感謝はしておりますが、これでは救出できないと思いました。説得時間は少なく、信者を見下したような態度でした。

司会者　なぜ失敗したと思いますか？

母　親としての勉強不足が最大の要因だと思います。マインドコントロールは強烈で、簡単には解けないと感じました。子供には単に苦しめるだけの言葉を浴びせていたと思います。A牧師さんの説得資料は何も役に立たなかった。それと、真剣に勉強する姿勢がなければ、すべてが無駄に終わると感じました。

司会者　失敗から再挑戦までどのように臨みましたか？

母　失敗直後に初めて、娘に憎しみを感じました。自分の子供ゆえに憎しみが生まれました。そして憎しみの後に「親子の愛情」があらためて生まれてきました。主人とお互いに情報の共有化を高めることを原則にして、いろいろ話し合いました。

司会者　二回目に救出できた要因は何ですか？

母　初回は三女が幼かったので、内緒ですすめたのですが、二回目の救出の時は家族全員で対処しました。話し合いの部屋に入ってからの勉強は全員でやれたので、苦しみもありましたが、その反面楽しみも感じました。事前勉強会で学んだことを自分のものにして対処しました。主体性を持って行動したということです。それと説得者の適切な対応（信者の目線に合わせ、時間をかけた、誠意ある説得）だと思います。

司会者　一回目と二回目の違いを具体的にお願いします。

母　一回目は、

○Ａ牧師さんを先生と呼ぶ（親が脇役）。

○Ａ牧師さんの説得メニューは書籍で発表されているそのもの。

○『原理講論』だけでは説得できない（目覚めない）。

二回目は、

○説得者を協力者として対応（親が主役）。
○説得者の資料では、しっかりと教義の誤りが示されていた。
○説得者の誠実な説得手法（説得ノウハウ）。

救出のポイントは、①家族の対応姿勢、②本人の姿勢、③説得者の対応、の三つであると思います。

司会者　二回目の救出に臨んだ時の心境はどうでしたか？

母　親も子も同じく勉強部屋で共同生活をしました。これがなければ救出できないと思います。信者は〝思考停止〟を教え込まれているので、信者の行動をよく観察し、どんな状態にあるかを判断することが大切です。

司会者　これから救出しようと勉強している家族へ、アドバイスをお願いします。

母　マインドコントロールは簡単に解けないので、しっかりした取り組みが必要です。救出中は本人も大変苦しんでいます。見ていて協会に帰したいと思いそうにもなりましたが、信者は悩み苦しまなければ目覚めません。親の心に遊び（余裕）の部分が必要です。また家族が互いにさまざまな知識、情報を共有することが大切です（皆同レベルになること）。協会の教義は認めていないから、結婚も認められませんが、家には帰ってきてほしい。これは親としては複雑な心境ですが、しかしどちらも本音です。これを持続していくのは辛いのですが、このことが救出の糸口となって、救出本番でも役立つことになると思います。

司会者　貴重なお話を、どうもありがとうございました。

2　妹を救出した兄から
——未救出の家族へアドバイス

杉本和也（仮名）

(1)　今後救出活動をされる方に

○事前の勉強会の中で、また自分で本を読み漁って、そして救出中の勉強会の中で、統一協会のインチキ、非道、犯罪を知りました。妹が協会に入ったのを知った時に、自分で調べたりはしたのですが、ここまでひどく、いいかげんな犯罪組織とは思いもよりませんでした。信者は、その組織に人間としてではなく奴隷として一生涯こき使われていくのです。

○いずれ、周りにも影響が及びます。兄弟や友達を勧誘したり、金を貸してくれといってきたり、遺産相続のときに協会の資産として全てぶん取ろうとしたり……。

○放っておいたって、プラスになるわけはないし、ゼロということもありません。マイナスだけです。信者はどんどん深みにはまり、心身を害する。周りにも右記したような害が及ぶかもしれません。だったら、立ち上がるしかないのです。学んでいる救出方法を実践できれば、自分達が失うものはほとんどありません。私も仕事を続けながら救出の勉強と救出にあたりました。
○信者は、苦しんでいます。自分で望んで入信したわけではありません。たくみに心をコントロールされて入信したのです。
○助けることができるのは、家族だけです。家族を抜きに、信者を助けることは不可能です。あなた方が立ち上がらないと、信者は一生、奴隷です。

(2) 救出に必要な心構え

○会の勉強会の中で学びましたが、「愛情」「根性」「筋論」の心構えがやはり必要です。
○愛情。入信した原因の根本には、親の愛情の欠如というものがどの家庭にもあるのではないでしょうか。救出の底辺に流れる信者への愛情が、最終的に信者のかたくなな心を溶かします。真の父母に勝る真の愛情が信者を救うのです。
○根性。信者の根性は筋金入りです。信者は人生を懸けていますから、救出する側も、信者への愛情と協会への怒りをもって命がけで対抗しないと勝てません。
○筋論。実際の救出活動の中で筋論の効果を実感しました。筋の通った話には自分が思っていた以上に理解を示していました。もともと真面目な人が入信していますから。屁理屈をこねることもありますが、筋の通った話をすれば、信者は必ず理解します。
○あと、私が必要と思うこととして、「主体性」「冷静さ」です。主体性。この救出方法は、家族があってこそのものです。会の方だけでは決して救うことはできません。あなたがまずやるのです。特にこの救出方法は家族の主体性が求められます。信者の相対姿勢をつくり、保つことができるのは家族しかいません。私は、家探しから日用品購入も自分で動きましたし、救出中においても、会の方を先生としてではなく、プロジェクトのパートナーとして付き合ってきました。言われたことをただやるのではなく、ただ報告するのではなく、自分で考え、会の方と話し合い、必要な行動をとりました。このことが、救出を成功させるために非常に大切です。

○冷静さ。救出は、ある意味、プロジェクトXだと思っています。救出の方法は感情任せのものではなく、理にかなったものです。そのとおりに、各々が担うべき役割をきちんとこなしていけば信者は救えます。様々な場面にぶつかって、感情的になってしまいそうな時があるかもしれませんが、常に冷静であり、信者の行動と心をことこまかに観察し、必要な行動をとることが必要です。

(3) **事前勉強会の必要性**

○救出には、愛情と根性が求められます。協会の実態をよく知れば、その非道さに、救ってやるぞと愛情と根性の念が沸いてくるはずです。あなたは協会のことを知らないはずです。私も自分で本やインターネットを漁ったりしてみましたが、ほんの一握りの知識でした。

元信者の方などから現場の話を聞いて、その非道さを実感する必要があります。
○兵法で「敵を知り、己を知る者は百戦危うからず」といいますが、救出を体験してまさにその通りと思いました。
○家族が信者と二四時間一緒にいて、脱出しないようにし、人の話を聞くような心情に保っていかなければなりません。それは、信者が何を考えて、どのような行動をとるのかを知っていなければできないことです。信者はあなたの知っている人では、もはやありません、妖怪です。入信後、別の生き物になってしまっています。あなたが理解できない世界にいます。この妖怪が何の考えに基づいて、どのようなことを想い、どのような行動をとるのか、そのパターンを事前に理解していれば、信者の行動と心情をコントロールすることができます。
○事前勉強会で学んだことにより、実際の救出の中において、非想定の場面に遭遇して困ってしまうようなことは一度もなかったどころか、信者が本当に事前勉強会で学んだ通りの行動をとり、心情を持つので、びっくりしました。妹が何を考えているかを把握できるため、常に冷静でいることができたし、妹の精神状況を理解して会の方に報告することができたから、効果的な救出の勉強会が行え、短期での救出成功につながったと思います。
○己を知ることも重要です。救出にあたっては親子間の問題を解消することが求められます。自分で自分の過ちに気づくのは難しいです。救出の場で話し合う中で、両親や兄弟は自分が信者にしてきた過ちに気づくことが必要なのです。

○この救出方法は理にかなった方法によるプロジェクトです。各自が担うべき役目をきちんと果たす必要があり、当然事前に勉強会の中でこの方法を学び、予行練習をする必要があります。

○救出の中心は家族です。会の方はあくまでサポーターです。説得者に救出を丸投げする家族もありますが、時間がかかるし、信者が脱会したとしても、無理強いであり、メンタル面で救っているわけではないので、本当の意味で救われているとは思いません。救出を行うあなたは、現在、知識も技術も当然ありませんから、事前勉強会でそれを身につけなければならないのです。

○救出に八割ぐらいでいいや、ということはありません。一〇〇％完璧に取り組む必要があります。事前勉強会で学ぶことには全てに意味があります。その場であまり理解できなくても、本番で役に立つ知識なのです。自分自身そういう場面がありました、「事前勉強会で学んだとおりだ……」と。

○事前の勉強会はやさしいものとは言いませんが、難しいものとも思いません。自主的な心を持って臨んでください。

(4) 救出場面でのエトセトラ

○私たちの救出においては、私の妻という、家族とは違う存在が大きかったです。家で妹を納得させる話をした場面においては、兄さんの奥さんまでいるということでリアリティを高めたこと、親以外の人がいるということであまり幼稚な口答えができないこと、勉強部屋に入ってからは、同性・同年代で家族のしがらみもないことから、おしゃべりして息抜きの場を提供したこと。妻がいたからこそ短期で決着がついたと思います。このような人の存在は必要でしょう。

○今回、部屋は自分で契約を結び、日用品を揃えました。妹が勉強部屋に入ってから、部屋のことや日用品のことを聞かれることもあったので、リアリティを持って話すことができました。

○信者の日々の言動から心情をチェックすることは非常に重要です。そして可能な限り細かく会の方へ報告をしました。これにより、信者の心理状況を把握し、その日の勉強会の内容などを判断することができたと思います。

○あんまり暗い雰囲気になってしまうと、全員が精神的につらくなると思います。救出の基本の枠の中にあることは当然ですが、明るくなれる部分や時間も必要だと思います。私たちは食べることが好きなので、家族全員が好むもの、あまり時間がかからないものという線は守りつつ、おいしい夕食を用意しようと心がけました。

○毎日八時間前後は勉強会です。ですから勉強の環境は良好なものにしておいた方がいいです。暑くないように、寒くないように、楽な姿勢で座っていられるように……。私はあぐらも正座もあまりできないものですから、和室での勉強会はとてもこたえました。

(5) 最後に

○事前の勉強会や本番においては、辛い思いもしましたし、神経をすり減らす日々でしたが、無事終わってみると、信仰七年の信者がこんな苦労だけで救えるのかという感じでした。ひとりの人間の人生を救うことと天秤に架ければ、屁のような苦労でした（一〇日間で目覚める）。

○長年仮面をつけているような顔をしていましたが、間違いに気づいた後の妹の顔はすがすがしく、入信前の懐かしい妹の顔になっていました。本当に仮面が剝がれ落ちる様子が見えました。妹を自分の手で救うことができたという達成感も心地良かったです。無事終わって、苦労した部屋の中で、会の方と宴を設けました。一生涯忘れることのない夜です。

○これから救出にあたる家族は不安でいっぱいでしょうが、愛情・根性・筋論・主体性・冷静さを持って、会の方と協力し合って取り組めば、思っている以上に楽に成功するはずです。むしろ、親が自分を正当化したり、過ちを認めなかったり、自分がかかわることではないと思ったりする心が、救出を困難なものにしてしまいます。私も妹を救出すること以上に親を開眼・教育することに苦労しました。

○救出することが目的ですが、そのためには結局、家族問題を解決することが必要です。これまで仕事や家事に追われてきて、心から子育てに取り組んでこなかったご両親は、家族関係を修復するいい機会だと思います。脱会できて、家族関係も良くなれば、信者は地獄から一気に天国です。

○私は協会が憎くて憎くてたまりません。一人でも多くの信者が救われることを願っております。ご家族の方が信者のために立上がり、行動を起してくれることを切に願ってやみません。

3　元女性信者の証言

杉本美津子（仮名）

いつもニコニコしていながらも、内心では、生きることの意味が分からずに行き詰まっていた私は、新宿の路上で一人の女性に声をかけられ、その人の勧めで、あるビデオセンターに通うことになりました。しばらく通った後、この団体は統一協会なんだと明かされましたが、その頃には、「世間では統一協会は悪い団体だと言われているけど、こんなに良いことを言っているではないか」と思うようになっていました。

結果的に、それから約七年間、信仰生活を送りました。その間、いつも喜んで、積極的に活動していたわけではなく、むしろ、多くの時間を葛藤の中で過ごしていました。人類を救うには、そしてまた自分自身幸せになるには、この統一協会しかない！　と思いながら、度々言われる献金の要請や、海外宣教、伝道活動の要請にはそう簡単に従うことはできませんでした。でも協会から去ることが一番悪いことであり、去ったら地獄に行くと言われていた為、協会から離れることができずにいました。

本当にどうしようもない状態でした。そして最終的には、死ぬまで協会員であることが何よりも大事なことだから、どんなに信仰基準が低くても最後まで協会員であり続けようと思うようになりました。そして、統一協会の一番の目的である祝福だけは、絶対に死守しようと決意していました。その、選ばれた相手の人が、生理的に受けつけない人であったとしても……。文鮮明が選んでくれた人と結婚することによって、今まで先祖代々、引き続いてきた悪い因縁が解消され、後孫が良く生きられるようになるというのを、本当に信じていたし、また私自身も、祝福によってしか真の幸せを得ることはできないと思っていました。この世の結婚には希望を感じられなかったからです。

そんな中、突然、家族からの提案によって、統一協会について改めて見つめ直す機会を与えられました。自分では協会にマインドコントロールされているという思いは全くなく、心底信じていたので、初めはその勉強に積極的に臨むのがとっても難しかったです。信じているものを全て否定されるのですから。

統一協会に入教した人達の多くがそうだと思いますが、私も例に漏れず、両親に対して小さい頃から様々な思いを抱いてきており、それを話す機会を与えられ、家族で率直に話し合ってから、勉強に対しても素直に臨むことができるようになりました。そして、素直にその勉強の内容を聞いてみると、すぐに協会の教えが間違っていること、文鮮明教祖が詐欺師であることが、よく分りました。七年間信じてきたわけですから、その事実を受け入れることは簡単なことではなく、とても苦しみました。

そして、協会は誤った団体であるという事実を認めた時、協会内で過ごしてきた時間のことを思うと、とても悔しくてなりませんでした。青春といわれる時代を、そんな詐欺団体の為に費やしてしまった……。本当に悔しかったけど、でも今、間違いに気づけて良かったと、じわじわ思い始めています。一生を協会に束縛されないですんだ。これからは自分のやりたいことをしていいのだ。気兼ねなく、映画に行ったり、友達に会ったり、好きな服を買ったりしていいのだと思うと、すごく嬉しかったです。自分では意識していませんでしたが、多くのものにがんじがらめに束縛されていたことに、その時気がつきました。そして何より、人を好きになっていいのだ、恋していいのだと思った時、すごく嬉しかったです。自分が好きになった人と結婚できる。

協会内にいると、自分では間違いがわからないように、うまく教育されているので、自ら気がつくことはありません。なので、今回のように家族の協力なくしては、絶対に脱退できなか

った と思います。家族が私の救出の為にどれだけ苦労したのか、今はまだ見当もつきませんが、この救出に臨んでくれた家族に心から感謝しています。

今、二十八歳。悔しい思いもあるけれど、これからの人生を自分の足で、ルンルンしながら歩いていきたいと思います。

私の救出に関わった全ての人に、心から感謝申し上げます。ありがとうございました。

4 元女性信者の証言

中山啓子（仮名）

＊これは、元信者が脱会直後に自分の脱会までの経緯を手記に著わす中で、未救出家族に対して、救出の取り組みの中で最も重要な点（○、☆印）を指導したものです。

○表面的なことは問題ではない。

○だまされた哀れな娘、マインドコントロールされている、と思って見てはいけない。

☆ご自分の子どもが〝いい子〟だと思っていますか？☆

→本当の子どもの気持ちを知っていますか？〝いい子〟のフリをしているだけかもしれませんよ。

→実際、私は〝いい子〟を演じているに過ぎませんでした。私だけだと思われるでしょうが、私がVCのカウンセラーをしていた時受け持った人は、ほとんどが私と同じでした。だから、統一協会に入って、自分の我慢してきた思いを言うことができ、心が解放されていったのです。こういうことを言ってもいいんだ、受け止めてくれる人がいる。安心感。

〈証〉小学生の時から母が働いていたので、夕食の用意などのお手伝いも率先してやる、いわゆる〝いい子〟だった。家ではしばしば夫婦喧嘩があり、父は何か気に入らないことがあると子どもにも当った。子どもをかばう母に対しても怒鳴る父だったため、私の父への反抗は母をそれ以上に苦しめるものだった。私のせいでこれ以上母を苦しめるわけにはいかず、父の言いなりになっていった。〝いい子〟を演じざるを得なかった。

中学生になると〝いい子〟でいることに苦痛を感じるようになった。しかし、自分の殻から抜け出せず、自分の中の自分と、周りが評価する自分との間に葛藤を覚えた。

高校生になると、精神的に自由になって、自分というものについて考えていた。一体何が自分らしいのか、大学に入って何を勉強したいのかを考えていた。それまでの自分は、ただ、どうしたら親や先生に喜んでもらえるか（親が怒らないで接してくれるか）というのを無意識のうちに考えて生きていて、その無言の期待を裏切らないようにしてきた。

人間関係に悩んだのは大学に入ってからが初めてだったが、就職して間もない二十五歳ごろには、結婚についても考えていた。結婚相手となったら、自分がしっかりしない限り、いい人とめぐり合うことは難しいと思った。人間関係においても表面的で、このままじゃいけないんじゃないか……という気持ちもあった。そんな中で、ＶＣに通うことに……。

初めは軽い気持ちで、ためになりそうだから、と受講を始めた。内容にはとても興味が持てたし、私の生き方そのものだと思えたため、ＶＣに行くのが楽しみだった。ライフトレーニング（2daysセミナーの後）の頃から、カウンセラーに自分の生い立ちを話すようになり、小さい頃の辛い思い出が自分の中にあることに気づかされた。実際、母に対しては、言葉では言わないけどきっと分ってくれているはず、という思いがあったが、幼い頃の寂しい思い出から、こんなにも自分は愛されていなかったんだ、と認識することになった。涙が出て止まらなくなり、話すことで少しずつ気持ちが楽になることを覚え、スッキリしていくと同時に仕事や生活の中で余裕が出てきた。仕事も絶好調の時には、ＶＣやカウンセラーに対しての信頼度は一〇〇％近かった。そういう時を見計らってメシアを知った。統一協会と知ったときには少しはびっくりしたが、学んできたことは間違いではないし、もっと知っていきたいという思いだった。

○信仰生活

伝道機動隊（伝道を専門に行う部署）では、自分の犯してきた罪はどうしたら赦されるのだろう？　申し訳なくてどうしようもなくて、上司に相談すると、この道を真剣に歩むしかないと言われ、更に頑張る。私の愛が足りないからダメなんだと思ったり、仕事中いつも眠ってしまうことに罪悪感を持ったりして、このままでは申し訳ないと思い、もっと神様のために頑張らせてください、という気持ちで献身した。

マイクロ隊に行く。この六ヶ月間、家族とは一切連絡を取らないことになる。手紙は出すが、電話はしない、来ても取らない。家に帰らないのは当然。

心理状態――一般常識も分る∧原理のヘルメット

⇩原理で行動、動機が神のためなら何でもする。ウソ、だまし。人情は断ち切るように言われているので、親からの電話をとらないのは当然。これが正しい親子関係。なぜなら、家族が天国に行くためには自分が頑張るしかない。今は理解されないかもしれないけど、霊界は知っている。死んでから感謝されるはず。親は悲しむと思うが、それは仕方ないことだ。

内容――大きな車に七、八人が乗って日本各地を移動。朝七時〜夜八時（夏は九時）までニセ募金集め。休みは月に二〜三日。一日中一人で家庭や会社を一軒一軒回って、靴下やハンカチを買ってもらう（コーヒーや科学雑巾、珍味などもある）。一日の目標は個人差があるが最低三〜四万。月一〇〇万〜一五〇万を稼ぐ。その間、気持ちの上がり下がりはあるが、決して止めようとは思わない。喜びに満ちた毎日だった。

☆自分の家、または本人には大きな問題がないと思いますか？☆

○協会では家庭や両親に対する小さな不満や問題が大きくなる。真の愛がなく、偽りの愛だったことを認識させられる。これから救出を目指す親は、もう一度、自分達の子育て、生き方について真剣に見直す必要があります。また、親子関係が悪い家庭は救出が難しいから、親が大変身しなければいけない。

TBT（伝道、万物復帰）――普通、マイクロが終わる頃には海外に行って殉教しても構わない、くらいの信仰になっている。上司に言われたことには従順に従う。でもまだ上司の言いなりになれない私は「共産主義の考え方がある」と言われた。言われてみれば確かに家には決して愛があって温かい家庭だったとはいえないと認めざるを得なかった。父を中心とし、家族皆がその独善性に何も言えなかったし、それにおびえていた幼い頃の私がいた。まさに、独裁主義の家庭だった。

そのことを認めてしまったら、私の中で「お父さんもなりたくてそういう性格なのではなかったし、生きてきた中でそうせざるを得なかったのだ」という、私なりの父に対する弁護が崩れてしまうことを、心のどこかで恐れていたが、それが崩された瞬間でもあった。自分の家族を「そんなに悪いものではなかった」としていた部分が〝自分〟を正当化し守っていた部分だ、ということに気づいて、涙が止まらなかった。その時から、私はほとんど上司に対する反発もなく、すべてを委ねて、純粋な気持ちでみ旨に邁進できた。

〈一日のスケジュール（平日）〉

AM4：40　起床
5：00　訓読会・祈禱会
↓
6：30　清掃
7：00　朝食
7：30　万物復帰、出発式
7：45　出発
8：15　任地に到着
12：00　回収

PM1：00　ホーム到着、集めたお金の清算
1：15　昼食　＊ご飯にふりかけか卵のどちらか。味噌汁はないこともしばしば。
1：45　条件など、伝道準備
3：00　伝道、出発式
3：30　出発
4：00　到着
↓
8：00　終了
8：30　ホーム到着
8：40　夕食
9：00　条件など
10：00　反省会
10：30　祈禱会
11：30　就寝

〈証〉日々の活動に関しても、毎日同じだけど、ほんの少しの違いと、神様と御父母様のためだけにある生活がとても楽しくなった。少し気分が落ち込めば、すぐに声をかけてくれ、ふさわしい言葉を一言二言かけてくれた協会長はお父さんだなあ、と心から感じた。死んで、いつでも霊界にいけるような気がして、そこでも今と同じように皆で万物復帰と伝道ができ、為に生きあっていく生活があるのだなあ……と思っていた。

○家族との話し合いが始まった

私は、家にも帰らず連絡も家族からはとれず、どこにいるかも分からない状態だった。

〈交錯する気持ち〉

どうしたら良いですか？　早く逃げなくちゃ、でも、逃げられないです。どうしましょう。必死で祈り続ける。現実を聞き入れたくないのと、見たくないのと、生理的に受け付けないのとで、時折、脱力してしまう。どうせ、反牧か改宗屋の類の人なんでしょ⁉　私をひっくり返そうと思ってるに違いない。家族はその人の指示で隔離しようとしている。サタンの手には乗らないぞ。

必死に訴える家族の様子を見て、反牧では……ない……かも……

トイレ休憩所では、あのタクシーに乗ろうかな？　運転手さんにとにかく走ってもらって……、お金はないけどホームまで行ったらなんとかなるし……、そうしたら後を追いかけてくるだろうな。皆、悲しむだろうな……、お母さんは気が狂ってしまうだろうな、ドアが開く、今だ‼　でも、体が動かない、勇気がない。

○共同生活の開始

逃げようと思ったらいつでも逃げられるよね。と、言い聞かせる。緊張……。

「いい部屋だね。もっと狭くて暗い部屋かと思ってた。テレビやラジオもないし、何にもなくて、今までと同じ雰囲気で嬉しい。あ、（袋を見つけ）ユニクロと、しまむらだ。いつも愛用してるの。すごく嬉しい‼」なんだ、普通の部屋、結構明るい。聞いていた保護部屋は暗くて一人ぼっちのはずなのに、違う。おかしいなあ……、やっぱり反牧じゃないのかな？　服にもお金かかってないみたいだし、安心。皆でこれからここに一緒に住むんだぁ。一人じゃないんだ。なんだか楽しみもホーム生活そのものだ。皆大丈夫かな⁉　私は何もない生活には慣れているけど、みんなは退屈するだろうな。良かった、質素な生活に慣れていて、訓練受けておいて。裕子が「み言葉」もあると言う。え⁉　ほんと？　聖書だけじゃないの⁉（なぜなら、反牧では聖書しか渡されず、ひたすら牧師が聖書を読むだけと聞いていたため）。

「すごい、こんなに沢山。〝罪と蕩滅復帰〟まで……」、一体竹内さんて何者⁇　もしかして、とても原理に詳しい人？　これだけみ言葉があれば絶対、信仰が保てる。神様、すごいです。反牧じゃない。信じられない。家族復帰（家族を伝道し、統一協会に導くこと）を頑張ろう!!　でも、あまりにもできすぎ？……。まだ油断はできない。ご飯は……断食という手もあるけど。

○竹内さんと初めて会う

→少し話した後、五〇％信じよう。この人は神体験がなく、信仰生活もしたことない。お父様を表面的にしか見ない人だ。客観的。批判的。

→私の良いところを誉める。人の気持ちが分る人。七〇％信じてみよう。話を聞いてみよう。

○少し勉強が進んで間違いが分りはじめる

→あー、こんなに証拠があるなんて。これ以上勉強してもどうせ間違いを示されるだけでつまらない。もうやりたくない。頭の中がおかしくなりそう（マインドコントロールがオブラートを何万枚も重ねたものとすると、それを、一〇〇〇枚ずつ剝される感じ）。寒気、頭痛。文鮮明がメシアでないということを少しずつ認めつつも、それに代わる幸せがここにあるのかという不安が襲ってきた。また、絶対にないという確信があった。

○真剣に家族で話し合う機会が与えられる

兄弟皆、幼い頃に父から受けた屈辱を表す。背中を殴る。皆も同じ思いだったんだな。母も言う。私もこの三十年間にこんなに自分の思いを父にぶつけたことはなかった。みんな泣いた。見せかけの幸せな家庭が崩壊した。一人一人の心の奥にあるのはこんな姿かと思うと、本当に悲しかった。しかし、心のどこかに「これで良かったんだ。これを私は望んでいたんだ」と、どこか力が抜けたような安堵感があった。弁解することなく真剣に受け止めようとする父の姿は、今まで見たことのないものだった。今までの人生を悔い改め、皆に泣いてわびた。今まで、子ども達の言うことには耳も貸さず、いつも自分が正しいと主張していた父とは違う。

その日から父は変わると約束し、態度が変わる。私も父に対して、また家族に対して言いたいことを口にできるようになる。皆が私の声に耳を傾けてくれることは嬉しかった。家族の中で思ったことを口にすることの大切さを感じた。自分はここにいてもいいのかな、と思った。それまでは真剣な話がなかなかできない雰囲気の家庭だったし、不安や悩みや苦しみを口にすることは、無言のうちにタブーとされていた。それをみんなで分かち合おうという、いわゆる家族愛みたいなものはなかった。

しかし、それまでとは違って、みんな慣れない生活の中で、できるだけ愛のある人間になりたい、愛のある家族を作りたい、という思いが伝わってきた。一人一人が変わろうとしていた。真剣だった。

○素直な気持ちで勉強に臨む

その後、教義的には間違いが分ったが、心情的には統一協会の愛のある生活が捨てられなくて、帰りたい、あの生活を続けていたい、という思いから抜けられない。心の中のモヤモヤしたものが一体何なのか分らないまま、母と二人だけの生活が続く。幼い頃から我慢してきたことが爆発して、母の一挙手一投足が私を不快な思いにした。心が通じ合わないことにイライラし、毎日怒鳴っていた。

ある時、私は自分の心の中の小さな叫びが何なのかが分った。〝お母さんに誉めてもらいたかった〟〝認めて欲しかった〟という思いだった。そう言うと、母は私の小さい頃からのことを思い出し、自分でも忘れていた私のいいところまで誉めてくれた。「そう言ってくれてたら、私、統一協会に入らなくても良かったのに、罪を犯さなくても良かったのに……」と言うと、「ゴメン、ゴメン」と泣きながら謝ってくれたのだった。そうして、自分のことを見ていてくれたんだ、分ってくれていたんだということが分り、母への思いが解けたとき、スッキリして、捨てられなかった協会への思いがなくなった。

この生活を通して、すべてを受け止めてくれ、本当は分ってくれていた、愛してくれていた、と思えた瞬間に心のわだかまりがなくなり、親にも愛があったことが分った。

もしも、家族が、特に両親が変わらなかったら、心から間違いを認めることができなくて、きっとホームに戻っていただろう。しかし今は、一〇〇％間違いだったことが分るので、もう二度と戻ることはあり得ない。間違いが分って本当によかった。もし今回、家族が救出を諦めてしまっていたら一生奴隷だったと思うとぞっとする。すべて制約されていた生活で、自分で考えることも、思うこともできなかったので、今は、こうして自分で自由に時間を使って、好きなことを考え、行動できることが何よりの幸せだと思う。

また救出に関わってくれたのは、私がまだ見たことも会ったこともない、大勢の愛あふれる人たちと私の親友だったと聞いている。本当に、心優しい人たちに囲まれて導かれた救出だったし、私の人生なのだと改めて思う。間違いが分ってからもすべてを私に合わせ、心情的に支え、導いてくださった竹内さんとそのご家族に心から感謝申し上げたい。様々な葛藤を超えて、自分の大好きな仕事を捨てて救出を決意してくれた家族一人一人の、その勇気と愛に敬意を表したい。

今後は再び与えられた人生を、今も尚寝食を忘れ、何も知らずにただただ純粋に活動している兄弟姉妹たちが、一日も早く文鮮明の罠から抜け出ることができ、神様に与えられた尊い命が生かされるために、惜しみない愛を与えることのできる者になりたい。すべての恵みに感謝します。ありがとうございました。

5　統一協会を脱会するにあたって

山内　悟（仮名）

(1)　統一協会　入信の背景

私は農家の長男として生まれた。地方の農家ならではの大家族で、祖父や祖母や伯母など、当時は一〇人位で生活していた。長男ということで可愛がられたが、婿養子であり、結婚後何年かして農業を始めた父と、農業一筋の祖父母が対立する姿、そして仲裁に入る母の姿などを度々目にしてきた。子供の目から見て、あまり幸せな家庭とはいえなかった。子供心に恐怖心を持っていたと思う。学校においては内気で給食も食べられず、両親に対しても心を開けない、何をやってもうまくいかない、自信がない少年であった。しかも病弱で、原因不明の病気に何度もかかっていた。家庭の影響からか、言いたいことを言えず、全て心に溜めこむ、我慢するような人格が形成されていった。

中学校に入って、バレーボール部に入部し、部活に打ち込む中で少しずつ自信をつけ、また体も強くなって、病気になることも減った。しかし、小学校時代に形成された人格は根本的には変わらなかった。これといった反抗期もなく、素直に言うことを聞いていたため、両親から見れば〝素直ないい子〟と映ったのかも知れないが、実際は〝言いたいことを言えず、人に合わせて心に溜めこむ弱い子〟であった。

そのようなことがストレスとして積み重なっていたのか、高校二年の時に甲状腺の病気になり、八時間の大手術をして二週間入院した。その後も肩こりなどの後遺症があり、「何で自分だけ……」と思うことも多かった。

結局、中学・高校を通じて達成感がなく、自信がなかった。そのため、大学という新しい環境に人一倍憧れたのだと思う。大学、一人暮らし、新しい環境での新しい生活に大きな期待を寄せた。私は神奈川県にある大学の教養学部国際学科に入学し、大学近くの、駅から私鉄で四駅ほど行ったB市というところで一人暮らしを始めた。大学に期待したことは数多くあった。

英語が好きだったこともあって選んだ学科で、もちろんバイトやサークルを楽しみたい気持ちは強かったのだが、高い授業料を払って勉強するのであるし、将来のためにも、勉強も頑張りたいと思っていた。国際学科というだけのことはあって、帰国子女の友達も何人か出来た。海外での体験談や、またファッションなども洗練されていて、刺激されることが多くあった。

大学で最初に感じた疑問は、周りの学生達が勉強に対する意欲を全くといっていいほど持っていないことであった。履習する授業を選ぶ時にも、興味関心を基にするのではなく、どの授業が単位を取りやすいか、あるいは出席をとらないか、という情報ばかりが出回っていた。日本の大学生は学問に対する意識が低いとは聞いていたものの、戸惑いを覚えた。授業中も、居眠りや私語が日常茶飯事のような雰囲気で、私自身、少しずつ大学の勉強に失望を感じはじめた。しかし疑問を感じつつ、とりあえずはバイトを中心とした生活を送っていた。

私の大学には海洋学部という学部があって、大きな船を所有しており、毎年、その船による海外研修ツアーが企画されていた。その年はヨーロッパから地中海を通りエジプトまで行く豪華なツアーで、母親のすすめで参加したのだが、その海外での体験が私の意識を高めることになった。他人に対して本当の自分を出せないことを悩んだ私は、ヨーロッパの人達と接する中で、その友好的な姿、壁のない態度に心打たれた。そして、自分もそうならなくてはと考えたのであるが、その一方で、日本という国あるいは日本人の民族性に責任転嫁したくなる思いもあった。そもそも日本自体がオープンでないのではないか、自分は何も日本にこだわる必要はないのではないか、という具合である。

帰国後、より稼ぎのよいバイトを探し、英会話スクールに通うようになった。目的は海外旅行、そして海外留学である。

(2)「カープ」との出会い

バイト、英会話を中心とした生活の中で、いろいろなことを感じたり考えたりするようになった。相変わらず充実しない大学での勉強。本当は真面目にやりたいのに、周りの雰囲気に合わせている自分が嫌だった。友達づきあいも、何か表面的に感じられた。授業を聞いていなくても、出席していなくても単位を取得でき、進級・卒業ができてしまう。そのような大学生活に意味があるのか、その後社会に出て何になるのか。それでも何とかしたいと思い、「大学で何を学ぶか」という本を購入した。その本の要旨は、日本の大学教育は停滞しているので、自分でしっかりと目標を持ち、努力していかなければならない、ということだった。

よく、エッセイなどを読んでいたのだが、若い時にしっかり人生設計をし、価値観を身につけなければならないということが書いてあった。親しい友達と酒を飲んだりすると、よくこういう話になった。また、ニュースや本などで、若者の意識や学力が年々低下していること、若者・青少年の犯罪が増加していることなどを聞く度に、自分の身の周りのことと重なったりした。このままでは自分の人生も何となく終わってしまうし、日本の社会・未来にも希望がない、と思いはじめた。

大学を卒業して、それなりの会社に就職して、結婚してマイホーム建てて……それが人生なのだろうか。素晴らしい人生とは何だろうか、そもそも何の為に生き、どこに向かっていくのか。様々なことが、明らかに悪い方向に向かっている今の時代の中で、自分はどうするべきなのか。このころから、いろいろなことを考えるようになった。そういった状況の中で、私はカープに伝道された。「カープ」とは大学にある統一協会の学生組織。「原理研究会」とも呼ばれている。

私の担当班長は、中央大学の四年生の先輩だった。私が、高校の時の手術の影響で肩が凝るという話をすると、いつまでも肩をもんでくれた。一生懸命さ、熱心さが伝わってきた。講師はユーモアを交えながら楽しく講義してくれていた。「2days」(二日間の修練会)段階で原理自体に感動する人はほとんどいない。よく分らないけれども、すごいことを言っているみたいだ、という印象を持ち、スタッフの一生懸命な姿と、そこから創られる独特な雰囲気に、世の中にはないある種の特異性に感化される。後にスタッフをするようになって、修練生の感想文を見ると、講義が苦痛だった人でも、ほとんどの人が「雰囲気が良く、楽しかった」と書いている。そういう点において私は典型的な修練生であった。

○2days（二日間の修練会）

二日間のスケジュールを終えると、今度は次の「5days」参加に向けての説得が始まる。内部では〝push《プッシュ》〟と呼ぶのだが、5daysに参加できないとこの人は永遠の生命を失うことになる、という認識の下、すさまじい決意と万全の態勢をもって行われる。最近のカープは変わってきているが、私が学生の頃はpushが朝まで行われるのも珍しくなかった。修練生にとって、五日間大学を休まなければならないということが、5days参加への大きなハードルとなるのだが、その時に予定されていた5daysは既に授業が終わる日時に組まれていた。私はその時の春休みは、三月に友達と中国に旅行に行く予定だったが、二月下旬はバイトを入れなければ空いていたため、割と早く5daysへの参加が決定した。

○ 5days（五日間の修練会）

5days 参加直前に、いわゆる〝証し〟の講義を受けることになる。再臨のメシアが今来ていて、その名が明らかになるということだが、元々私は神にも宗教にも関心がなく、メシアと言われてもよくわからなかったので、軽い気持ちで講義に臨んだ。文鮮明、統一協会と言われてもピンとこなかったが、「ほら、何年か前にテレビでやっていた合同結婚式の……」というところで「しまった！」と思った。かすかに、合同結婚式の映像がよみがえり、大きく動揺した。「山内君、素直だよね。宗教だと思わなかったの？」というトーカーの言葉が、心ないもののように感じられた。「世間でいろいろ言われているけど、実際どうなのか、あなたの目で見極めてほしい」というトーカーの言葉に、それしかないかと思い、参加した。最近は統一協会をあまりマスコミが取り上げなくなってきたためか、証しても、ほとんどの学生が統一協会を知らない。カープはここ数年でメンバーを大きく増やしているが、そういう背景もあるのでは、と思われる。

(3) 〝入教〟への道

5days は故郷に近い伊豆の山中にある修練所で行われた。四〇日間の新人研修会（ここで教義を徹底的に教え込む、同時に実践トレーニングと称して、万物復帰〔物売り〕をさせて神を実感させることを目的としている）参加に修練生全員を導くことが 5days スタッフの目標だが、私は参加のハードルが低かったこともあって、軽い気持ちで参加していた。講義は聞いてはいたが、あまり心に入ってこなかった。四日目の夜に、いよいよ再臨主、真の父母としての文鮮明夫妻の写真が登場する。オウム真理教の麻原のような顔が出てくるのかと思っていたが、文夫妻の写真は普通、むしろ良さそうな人達に見えた。拍子抜けした感じだった。

そして今度は春の新人研への〝push〟が始まる。私は、春休みは中国へ行く、飛行機代も払ってあると、はっきり言っていたのでpushはないだろうと思っていたため、驚くと同時に、トーカーは非常識なことを言っている、と感じた。結局、参加しないと断固言い張り、四月にまたVC（伝道されて一番初めに行くビデオセンターのこと）に行くことを約束して5daysを終えた。

中国を旅行して帰ってきた私は、カープのことは半分どうでもよくなっていた。いつものように、バイトと英会話を中心とした生活をしていると、霊の親（私を伝道してカープに導いた人）の山根さんから電話がかかってきた。私はあまり行きたくなかったが、四月には行くと約束をしてきたこともあり、VCに顔を出した。山根さんはもう一度原理を学んでほしいという話をしてきたが、私はいろいろ言い訳をして断りつづけ、夜中二時位まで話した。結局、五月ゴールデンウィークの5daysにもう一度参加することになった。ただ、そこで必要性を感じなければやめる、という話をした。

二回目の5daysにはさすがに真剣に臨んだ。少しずつ原理の言いたいことが分るようになってくると、〝入教〟つまり学舎生活（カープでのホーム生活）へのpushが始まり、私は一人暮らしが好きだったため、相当葛藤したが、今までの一年間の大学生活への限界を感じていたこともあり、この原理というものに賭けてみることにした。ここが私の信仰の出発だった。

両親に、一人暮らしでは自分の成長に対し限界を感じるので、信頼できる先輩と一緒に寮生活をしたい、と告げた。どういうところか見てみたい、ということで、学舎長（学舎の指導者で一番上に位置する人）・メール（女性指導者で、母親的役割を務める人）が寮の大家さん夫婦を演じ、山根さんが先輩役となってその場を乗り切り、結果的に両親が寮への引っ越しを認めることになった。統一協会はいわれのない迫害を受けているから、協会のことを話すと親は必ず反対する。親に対してその為に嘘を言うことも仕方ない、と教えられる。事実、その時の私には何の罪悪感もなかった。

(4)〝家庭問題〟の発生

大学二年生になり、学舎に入ることを決意した私は、その後の夏の四〇日間の新人研で原理への確信を持った。今の自分自身の現状を見ても、社会や世界の現状を見ても、自分の力ではどうにもならないという思いから、原理に賭けてみようという思いに至った。何も知らずに原理を聞くと、自分自身と社会、世界に対し絶望せざるを得なくなり、原理しかない、という結論に至る。私は内部において順調に育っていき、大学三年生になった時位に、そろそろ両親に証しをしたいと思うようになった。当時の学舎長に相談し、少しずつ進めていくということで、考えていくことになった。

大学三年生のゴールデンウィークに帰省した時に、気づかずに統一協会の出版物を持って帰ったことがきっかけで、両親に統一協会に入信していることがばれてしまった。私は驚き、焦ったが、当時の両親には統一協会やマインドコントロールに対する知識がなかったため、私が学舎長に報告・連絡・相談することが分らなかったのだろう。私はすぐに携帯で報告し、指示を受けた。

両親の、必死に脱会してほしいと訴えてくる言葉に対し、分ったと答え、学舎を出てしばらくは家から大学へ通うことを約束した。すぐに荷物を取りに行き、その後数ヶ月は二時間かけて家から通学していたが、その間も週二、三回はVCに顔を出していた。この期間は自動車学校に通い、学舎長に時々連絡をとりながら、両親から「もう協会に行ってない？」と聞かれると、「通っていない」と平然と答えていた。

両親には「やめた」と言って安心させておきながら、水面下では学舎に戻る準備を進めていた。両親が「もう統一協会に戻ることはないだろう」と判断する頃を見計らって、「家から通うのも大変だし、もう一度一人暮らしをしたい」と告げた。私は自分で不動産屋に行き、B市よりもさらに大学からは遠いC市というところに部屋を構えた。その時はまだ自動車学校が終わっていなかったので、早速移り住むことにした。夏休み期間だったので、学舎のメンバーは皆万物復帰に出ていて、学舎には誰もいなかった。私は、自動車学校に通いながら、対策上あまり日数は出られなかったが、何日かは万物復帰に参加した。夏休み期間中は毎日、万物復帰の隊長に連絡していた。

九月に入り、大学が始まる頃になると、両親には普通にアパートから大学に通っているように言っておきながら、実際にはアパートにおらず、再び学舎生活を始めていた。学舎長からは、改めていつか証しをしなければいけないと言われ、私自身もそう思っていた。

こうして、やめてくれた、と思っている両親とは対照的に、私は学舎生活を再開し、さらに信仰を強めていくことになった。

(5) 大学卒業と〝献身〟への道

原理こそ歴史が追い求めてきた真理であり、原理的に生きることが絶対的に善なる生き方であると確信した私は、生涯この道を行くこと、そして一人でも多くの人に原理を伝えることに全てを捧げることを、既に学生時代から思っていた。ただ、献身[*1]するためには両親にしっかりと証しをしなければならない。私は表向きはやめたということになっていたため、そこを何とかしなければならないと思っていた。私としては早めに証したいと思っていたのだが、〝反牧[*2]〟（親が反対牧師に繋がっている）の可能性もあるということで、なかなか許可をもらえず、結局大学卒業まで証しができなかった。

大学四年生の時は、両親に対しては「一応就職活動している」と言っていたが、実際は全くしておらず、「もう少し英語を勉強したい」と言って、慶応外国語学校という、週二、三回通って英語が学べる学校のパンフレットを家に持っていき、バイトしながら一年ここに通いたいと告げて、許可をもらった。安い入学金を払ったが、その学校には一度も行かず、大学を卒業した立場で、〝準献身者〟[*3]として一日中伝道に携わる立場になった。献身の為に、両親に対して改めて信仰告白をしなければいけない、と思っていた。

大学を卒業した二〇〇〇年の秋に、「実はまだ統一協会の信仰を持っている」ということを書いた手紙を送った。当然両親は驚き怒り、「すぐ帰ってこい」という連絡があったが、私は帰らなかった。両親が学舎の近くまで来たのだが、会いに行きたいと学舎長に言っても許可が下りなかった。私は会うしかないと思い、両親が来ている駅まで行き、車に乗った。この場がどういう展開になるかは予想がついていた。私は、まずは何がどうあっても家に帰らない、という決意を固めていた。車の中で両親が涙を流しながら訴えても、殴られても、動じなかった。両親は今は分らないけれど、自分が信仰を失っては何もかもが終りだ、ということを思いながら、今はこうするしかないと自分に言い聞かせていた。何時間かして、両親があきらめて帰るということになったが、走り去ろうとした車が止まり、父親が出てきた。私は、もう一発なぐられるのかと思ったが、父親は私を抱きしめて、「何があってもお前はうちの息子だ。いつでも帰ってきていいぞ」というようなことを言われて、とても大きな愛を感じ、車が走り去った後、何時間も涙が止まらなかった。そして、やはり大切な家族にこの真理を必ず伝えるんだと、決意を新たにした時でもあった。
その翌年から三年半、私は献身者として歩んだ。

＊1　**献身**——身も心も神と協会に捧げ、統一協会のホームに住み、上層部の指示に従って資金調達や人材確保のために専心すること。

＊2　**反牧**——統一協会に反対し、信者を脱会させることに携わっているキリスト教の牧師のこと。反対牧師を略してそう呼んでいる。

＊3　**献身者**——大学を卒業後、一般社会の会社に就職せず、右記の目的のために協会専門員になること。

(6)「献身者」として

私は、脱会を決意するまで三年半、カープの献身者として生活していた。名古屋から始まって、五つの大学の学舎の指導者を務めた。

東京にいた時は、二ヶ月に一度位は帰省していた。何とか両親に原理を解ってほしいと思い、東京ブロックの父母会[*1]に参加してもらった。両親は私の献身前の一件以来、私がどうして入信したかなど、知ろうとしてくれているように感じられた。

九州に移ってからは、なかなか帰省ができなくなった。合同結婚式の参加表明も、手紙で知らせた程度だった。

＊1　**東京ブロックの父母会**——統一協会を理解してもらうために、信者の両親を招いて説明会や

レクリエーションを催す。統一協会が作った会のこと。

(7) 家族との話し合い

約一年帰省していなかった私は、そろそろ帰省しなくては……と思っていた。父親に連絡した時、家業の後継者問題や私の結婚相手のことを詳しく聞きたいということだったので、福岡から新幹線で故郷へと向った。駅に父親が迎えに来ていて、車で家に向った。今回も二日位しかいられないけど、ずっと顔を出していなかったから、少しは家族を安心させることができるだろうと思っていた。

家に着いてからしばらくして、父親が「話があるから居間に来てくれ」と言ったので、行ってみると弟、妹、伯父、伯母たちが座っていた。「しまった!」と私は直感した。「これは反牧だ、監禁だ、うかつだった……」と、自分の不用意を悔いたが、もう手遅れであることを悟った。献身して三年、今まで仲間が監禁され、信仰を失っていくという、協会内部からみれば悲劇を何回か目にしてきたが、自分の両親に限ってそんなことはしないだろうと思っていたために、正直ショックは大きかった。

父親が冷静に黙々と私に話しかけてきた。話を聞くと、家族は統一協会と私に相当の不信を持っていることが分った。その原因は今日までの私の理不尽な言動から来るものであった。私は現状、家族がこういう状況になっていることに申し訳なさを感じた。そして自分の真理である統一原理を家庭にしっかり伝えなかったことに原因があると思った。現場での伝道の忙しさに、自分の家庭の救いに対する意識が足りなかったことを悔いた。父親はその後も話し続けたが、その内容は全てに筋が通っていて、私はほとんどまともな反論をすることができなかった。真剣に語る父親の姿に、今自分は極めて不利な状況にあるが、話はしっかりと聞かなければならないと感じた。そして家族の不信を根本から解決しなければならないと思った。

更に父親は家族の不信を取り除くための解決策を提起してきた。それは私が家族全員に統一協会の教義を教えるということであった。ただ、そのための勉強会を行う場所は他の町で、そして家族の苦しみを受け止め、今日まで支えてくれた竹内、鈴木両氏を交えて行いたいというものであった。私はその勉強会の必要性は感じたのだが、その二人が一体何者なのか、とても気になった。〝反対牧師〟は、その時の私には非人間的な強制改宗を行う人達であると思われたし、強制的に信仰を棄てさせられた信者は、半ば廃人のようになってしまうと思っていた。

その二人が反対牧師ではないのかを確かめるために、相当の時間を要した。最終的には父親の言うその二人と出会ったキッカケと二人の人物像を信用して、家族の不信を取り除くための勉強をすることに同意した。私は教義を真理であると説明する自信があったので、家族が分ってくれた時点で解放されて自由になれると思ったのと、父親の迫力に押されて勉強をすることを了承した。

全て自分のまいた種である。その種は自分が刈り取らねば、という心境からそうしたのである。そして勉強会を行う町へと車で出発したが、いくら了承したとはいえ、移動中の私の思いはとても複雑だった。家族に統一原理が真理であるということを伝えるチャンスでもあるが、結局は強制的に離教させられるのでは……長くなるかも知れない、現場の兄弟姉妹がきっと心配するだろう、という具合である。移動中の車中、私は口数も少なく、食べ物をほとんど口にしなかった。パーキングエリアで、両親の手を振り切って思い切り逃げることも不可能ではない。実際、協会内部で、話し合いをする場所へ移動中に脱走した人を知っていた。しかし、やはり家族のことを思うと、そういう気になれなかった。

移動中パーキングエリアで休憩を取った。その際、父親に二人で話をしたいと申し出た。私は家族を不幸にするつもりはなかった。自分は間違ったことをしたと思っていない。ただ家族に苦労をかけてきたとは思っているし、特に二年半、黙って信仰してきたことに関しては申し訳ないと思っており、それでも「家に帰ってきていい」と言ってくれた時、本当に愛を感じた、というようなことを話し、父も率直な思いを語ってくれた。お互いに涙を流しながら心境を告白し合ったので、だいぶ心が落ち着き、家族に真理、真実を伝えるんだという思いが強まった。こうして用意された勉強部屋に到着した。

(8) 〝救出〟カウンセリング

最初、家族に統一原理を伝えるにあたって、どのように勉強会を進めていったらいいのかと考えた。普段講義するようにしたらいいんだろうか、ホワイトボードなどが必要ではないかなど、ある意味、家族に伝道するまたとないチャンスだと言い聞かせていた。

アパートに到着した日に、私の希望で早めに竹内さん、鈴木さんに来てもらうことになった。それは二人の存在がとても気になっていたからである。二人の第一印象は確かに牧師ではなさそうだった。二人は自己紹介をしたが、その中で統一協会に関わった経緯などを話してくれた。その後、勉強会の進め方を話し合ったが、当面私が進行役を務めるということになった。そして私と竹内さん、鈴木さんの三人の意見を出し合い、それを家族が参考にしながら勉強を進めるということになった。私は二人がどういう人達であるのか、この時はよくわからなかったが、原理が間違いだとはみじんも思っていなかったため、きっと私の説明に対して家族が理解できるように解説をしてくれるのだろうと思っていた。

顔合わせの翌日から竹内さん、鈴木さんを迎えての勉強会が始まった。初めは学生達に講義しているように、「総序」の講義を始めたのだが、二人は家族に解説するどころか、「総序」に書かれている矛盾点を指摘し、むしろ家族をあおるような雰囲気さえ感じられ、私は戸惑った。一日目の勉強会が終った時、私は精神的疲労を感じた。あの二人は一体何者なのだろうか、なぜ『原理講論』を否定的に捉えるのか、やはり反対派ではないのか……いろいろ考えたものの、疲れていたためにその夜はすぐに眠りに入った。

二日目、三日目も同様であった。私の説明は全て否定され、逆に矛盾点を指摘され、家族も私の説明は何一つわからない。もっとわかり易く説明できないのかと口を揃えて言ってくる。「何を話そうとしても、途中でシャットアウトされるんだから理解できるわけがないだろう。少し黙って説明を聞いてくれよ」と内心思いつつも、真理である統一原理を分るように伝えられないのも自分の至らなさ故だ、言い訳はすまいと、その思いを打ち消した。何の手応えもつかめず三、四日経つと、自分の勉強不足（特に聖書に関して）を悔いる思いと、このまま竹内さん、鈴木さんに論破され、強制脱会させられるのではという不安な思いが強くなっていった。

なぜ二人はあんなに統一原理を否定的に捉えるのだろうか……私は考えた。きっと二人とも理論だけで、親なる神の愛がわからないのではないだろうか。原理を学んでも実践していないから実感できていないのだろう。だとすれば、自分には、この人達にも神を、原理を伝えるべきなのではないだろうか。むしろこの人達も親なる神の愛を必要としている、ある意味可哀想な人達なのではないか。ならば、まずは否定されても、神と共に感謝していこうと思うようになっていた。

今思うと、この時期は無我夢中で、家族に原理を伝えなければという思いと、信仰を守り抜くという気持ちが強過ぎて、竹内さん、鈴木さんが指摘してくれる矛盾がほとんど見えない、聞こえない状態であった。統一協会にマインドコントロールされているせいで、物事を客観的に捉えるということがほとんどなくなっていたことも後押ししていたためだと思う。

日々の生活の中で気になっていたことがあった。母親にほとんど食欲がなく、ますますやせ細り、体が段々小さくなっていくように見えた。食事の時に私と家族は食べるように勧めるのだが、「ありがとう」と答えてくれるものの、相変らず少ない量で食は進まなかった。それでも勉強会が始まると一生懸命に耳を傾けてくれた。元々気丈な母親なのだが、その姿が私にとっては、辛い半面、うれしくも感じた。

四日目か五日目に竹内さんは膠着状態の勉強会を柔げようと思ったのか、「悟さんが統一協会に入信して、結果的に家族が不信感を持ってしまったのだけれども、入信の動機の一つは、小さい頃からの家族関係に起因しているのかも知れない。今日は家族で話し合ってみてはどうだろうか？」と言われ、二人は早めに帰っていった。私は確かに家族の話し合いは必要だという思いと、勉強会に行き詰まりを感じていたこともあり、少し救われた思いもあった。私が幼少期に家庭で感じてきたことから統一協会入信に至るまでの経緯を話していくと、両親は子供が苦しむような家庭にしてしまったことを、私と妹、弟に対して謝りたいと、私達に頭を下げた。この話し合いによりお互いの溝が埋まったのでは……と感じ、明日からの勉強会の雰囲気も変わってくるのではという期待感を持った。この時の私は、自分が信仰を棄てなくても、要は家族の不信がなくなれば一件落着であると思っていた。

翌日からの勉強会も特に変わった様子はなく、私にとってはとても辛い時間だった。主に『原理講論』と聖書の不一致点、聖書の曲解部分の指摘を受け、説明を求められた。もはや私が家族に原理を伝えるような雰囲気ではなくなっていた。今は忍耐だという思いと、このままではらちがあかない、という思いが入り乱れた。一日一日何とか乗り切って、精神的にも肉体的にも疲れ果てるという日々だった。一〇日近く経ってくると、やはり自分が信仰を棄てない限り家族の不信を取り去ることはできないのではないか、と思うようになってきた。竹内さんや鈴木さんから指摘されることが分らないわけでもない。確かに聖書を曲解している部分があるかも知れないが、たとえ原理に多少の論理的矛盾があったとしても、今まで自分が出会った神や培った兄弟姉妹の友情が間違いであるはずがない、と思っていた。

この頃から脱走を考えはじめた。仮に脱走が成功した場合に、家族がどんなに悲しい思いをするだろうか、特に母親はどうなってしまうのだろうか。最悪の場合は衰弱死させてしまうかも知れない。しかし私が信仰を捨てたら永遠に家族の救いの道が閉ざされてしまう。それが一番の神の悲しみではないだろうか。やはり偽装脱会が必要なのだろうか。というような、耐え難い葛藤の日々だった。私は脱走手段を自分の中で整理し、シミュレーションをして、いつでも決行できる状態にまでできていたのだが、〝Xデー〟をいつにするかがなかなか定まらなかった。〝今夜こそ〟と決意した夜も、成功した場合の家族、特に母親のことを思うと、思いとどまった。

連日の勉強会の中で、確かに原理に対する疑問も少しずつ浮び上ってきた。今まで気づかなかった、明らかな聖書の曲解箇所を目の当たりにして、動揺も感じることがあった。万が一、原理が真理でないとして、自分が脱走した場合、その後の家族に降りかかるであろう様々な悲劇を考えると、これ以上悲惨なことはない。どこまでも、原理が真理で文鮮明夫妻がメシアであればこそ、自分は信仰を貫くのであって、今はもう少し脱走までに時間をおいた方がいいだろう、と私は判断した。一〇〇％の信仰が初めて九九％になった時でもあった。

(9) 〝離教〟の時

延々と続く『原理講論』の矛盾点の指摘、統一協会の問題点の指摘の日々の中で、私は少しずつ追い込まれていった。原理は間違いだろうか、いやそんなことはない。仮に真理でなかったとしても、神は自分と共にある。それに、相対者（結婚する女性）や二人の霊の子（伝道して統一協会に導いた人のこと）、兄弟姉妹（信者仲間）達を見捨てることは絶対にできない。様々なことが私の心を駆け巡った。家族の不信は取り除きたいが、信仰を捨てる気は全くない。しかしこのままでは家族の不信がなくなったり、母親が元気になるとは思えない。何とか信仰を捨てずに家族を納得させたいと考えていた私は、ある日の夜、父親に、「確かに今までの統一協会は間違ったこともしてきたかもしれない。でもカープ（統一協会の学生組織・原理研究会）は統一運動を改革しようと動き出しているのだ」と言った。何とか家族と和解できないものか、という思いからの発言であった。

翌日の勉強会において、昨夜父親に話した内容を竹内さん鈴木さんに説明することになった。このことは私が望んでいたことではなく、戸惑ったが、これはやるしかないと、今のカープの

取り組みを改めて説明したのだが、竹内さんは、

「教義の根幹が誤っているのに、それに覆いを被せて、うわべの修復をして何が変わるのか！　教義の全てを改めるなら分るが、それよりもその『改革』を提言している幹部は、原理の誤りを知っていながら、平然とうわべの『改革』の名のもとに信者獲得、更にはその信者から献金を得るのが目的ではないか、それが真の改革か！　腐った根と幹(教義)を黙認、放置しておいて枝だけ磨いて(うわべの改革のこと)、きれいな花が咲くものか！　しっかりとその幹部の狙いを見極めることが大切なことだよ」と言った。

　教義に疑問を持ちはじめた私には、竹内さんの話は説得力があった。幹部の狙いということにはいまいちピンとこないものがあったが、上層部の真の姿がおぼろげながら見えてきたような気がした。しかしもう一方の心で、そんなことを思ってはいけないと否定する気持ちも働いていた。私には尊敬する地区の幹部がいた。私の目標であった。その人が偽善者には決して見えなかった。しかし私はその人のもっと上の幹部の実態は知らない。竹内さんの言うように、上層部は原理の誤りを知りつつ信仰者のふりをしているのか。私ですら原理に疑問を持っているのだから、上層部がその事実を知らないはずがない。そう考えると頭が混乱してきた。

　協会の教えに「信仰の積み重ねによって人格が完成し、完成人間になることができる。それは同時に愛の完成でもある。それは神が人間を創造した時の目的であり、ゆえに神は愛である」とある。私はこの教えに真理を確信し、目指した。そして信仰生活をする中で更に実感し

ていった。そういうことから、上層部は完成間近の人達であって、偽善的なことには無縁であると信じていた。そして協会にいる時は、上層部に疑問を持ったり批判したりすることは罪であると教えられていた。しかし今、自分はそれをしている。それは同時に自分の信仰の希望が壊れてしまうことに繋る。何か自分が自分でなくなるような気がする。そんなことを考えると段々恐怖心が湧いてきた。頭の中は上層部の実態を確かめなければ、という思いと、それを否定する思いの二つが葛藤し合っていた。今思えば、その抵抗の心が私の信仰の最後の砦になっていたのだと思う。

そんな中、私が葛藤し、迷っていることを竹内さんは察していたのか、今日は勉強を切り上げて、家族で話し合ってはどうかと提案してくれた。私も家族もそれを了承して、竹内さんが帰られた後、家族で話し合いが始まった。妹と弟が私に、今の心境を本音で言ってくれと、強く訴えてきた。私はその言葉に誘導されて、心の中にたまっている思いを一気に出した。「俺は今まで一生懸命活動して来たんだよ！　俺にも意地があるんだ！　でも今、どうしていいか解らないんだよ！」と叫んだ。

妹と弟は更に私に「家族の不信を取り除くには勉強するしかないんだよ！」、父親も「男なら逃げるんじゃない！」、母親は「悟、勇気を持って真実を見極めよう！」と言ってくれた。その言葉が私の心の中にあった迷いを一気に吹き飛ばしてくれた。更に家族は、「竹内さんの資料を見よう！　挑戦するんだよ！　戦うんだよ！」と励ましてくれた。私はその言葉に勇気づけられ、このままでは何も進展しないとつくづく感じ、今まで拒否していた、文鮮明の生涯に関する資料、そして女性問題に関する資料等を見ることを承諾した。

その翌日から、いわゆる「主の路程（教祖文鮮明の誕生から今日までの歩み）に関する資料を見はじめると、虚構の摂理史であることが少しづつ見えてきた。今まで協会内部にいて、かすかに疑問に感じては忙しさの中でいつの間にか忘れていた一つ一つに、答えが与えられるような、そんな気がした。例えば再臨主が、自分が再臨のイエスという自覚があるのにまったくそれに反する言動を平然としている。いくつか首をかしげる内容を、元々私は持っていた。何しろ、統一協会の出版物を検証していくと、摂理史の一つ一つが支離滅裂になるのだから、反論の余地は全くなかった。まったくもって虚構の摂理史である。

その日に竹内さんが「日本の統一協会を開拓して、最終的に離教した西川勝先生（本名・崔翔翊）の講演を収録したテープがある」と言ったのを聞いた私は、「それを聞いてみたい」と申し出て、聞いてみることになった。

日本の開拓者でもあり信仰者であった西川先生が、どうして離教してしまったのか、とても気になっていたことだった。その講演内容を聞いてみると、文鮮明を再臨主と信じ、原理を真理であると確信して全てを宣教に捧げてきたのだが、真実を知り、離教を決意する。しかし純粋に信じて苦楽を共にした兄弟姉妹の心情だけは大切にしたい、という一つ一つの言葉に涙を抑えきれず、号泣してしまった。その思いが私の心に伝わってきた。今の自分の思いと共通するものだ、と感じた。この時点で、私の心は五割以上、脱会の方向へ向っていた。

それでもなお、私の心に引っかかることがいくつかあった。たとえ原理が真理でない内容を内包していても、文鮮明の生涯に矛盾があったとしても、協会内の心あるリーダー達によって統一協会を改革していけるのではないか、との思いである。あとは相対者と霊の子達のことが最後まで気になっていた。竹内さんは、そういう私の気持ちを察していたのか、「協会上層部の実態」に関する数多くの資料を示してくれた。それはまぎれもない文一族と幹部の腐敗しった姿であった。その実態を知った時、とても大きな失望を覚えた。

よく考えてみれば、文鮮明の実態を知っていても、何くわぬ顔で信者たちの上に立ち、指導をするということは、とんでもない偽善行為であり、そういう人達が統一協会を動かしているということは、救いようのないことである。私は統一協会という組織は根本的に腐敗しきっていることを悟った。同時にそれは、そういう団体に自分が七年間、全てを賭けてきたことを認めなければならないことを悟った時であった。

その後も竹内さんの提供する資料を見続けた。最も衝撃的だったのは、信者の命懸けの献金が、文一族の財産になっていただけでなく、恐るべきことに使われており、地上天国の為に、と捧げる献金が平和を最も破壊する方向に向かっていたという事実だった。

私は今まで、「批判本」として、でっち上げを並べ上げたサタンの悪あがきのようにとらえていた一般の統一協会に対する本や、マインドコントロールに関する本、脱会者の手記などを何日も読み続け、その一つ一つが極めて正しいことを書いていると心から感じた。今まで「サタン中のサタン」と思っていた反対牧師は、実は信者のことを思い、自己犠牲を払ってでも統一協会と闘う義人達であったことを知り、そして「脱落者、敗北者、不幸者」と思っていた脱会者達は、真実を知り、目覚め、失意の中から強く新しい人生を歩み始めた人達であったことを知った。

⑽　〝脱会〟後の思い

〝脱会〟という結論を出して、「これで良かったのだろうか」という思いが湧くのと同時に、「今までの七年間は何だったのか」と考えると、強烈な虚脱感と悔恨の思いに駆られた。そして今この時も、何も知らずに純粋に真剣に汗し、涙し、歩んでいる多くの信者達のことを思うと、統一協会がどれほど極悪な組織であるか、と思わずにいられなかった。

私も人生を賭けてきただけに、七年間のことを思えば思うほどに涙が出てきた。そういう中で、竹内さんが提供してくれた多くの書籍、あるいは多くの元信者が元気に頑張っている話などは、怒りと悔しさと虚しさに満ちた私の心を、日に日に、少しずつではあるけれども、整理していくのに大いに役立った。また、何気ない普段の家族での食事や、カラオケなど何でもない普通のことが、実は幸せの要素ではないかと思うようになった。落ち着いて考えると、今まで「神の為今日も一日頑張った」と思いながら一日一日を過ごし、手応えを覚えていたが、結局それは虚無どころか大きな社会的、いや世界的マイナスを日々製造していたことになる。そう思うと、家族で共に過ごす時間というのは、何でもないようで、実は一番幸せなのではないか、と思えてきた。

また、全国的に救出が難航しているという事実を聞き、諦めてしまう家族が多い中で、自分に対して諦めず、信じて、救出にまでこぎつけてくれた両親、兄弟に対して、本当に感謝の思いを持った。話を聞けば聞くほどに、特に弟・妹に関しては、どれ程辛かっただろうかと思うと、本当に家族というものがかけがえのないものであり、その家族の元に帰ることができることを、とても嬉しく思った。一時は脱走を考えた私が思いとどまることができたのも、家族の愛の力によるものだと今は思っている。

中にいる霊の子や兄弟姉妹のことを思うと、やはり胸が痛い。特に、自分が教育した兄弟姉妹は夢に出てきたりする。根幹が間違っていたとはいえ、そこで結んだ一対一の、一人一人との関係は真実であったと、今でも思っている。今後、救出の可能性をもった兄弟姉妹達に関しては、できるだけアプローチしていきたいと思う。

間違いを悟って、私がまず思ったことは、神学を学んで牧師になろう、ということである。真理を求めて裏切られたと感じた私は、もう一度聖書に真実を求めたいと思ったからである。藁にすがるような思いから出た考えだが、その後何日かしていろいろ考えていくうちに、その思いはなくなった。新しい人生の道は、焦って決めるものではないし、本当に自分が為すべきことを探していこうと思う。

統一協会からの救出が昨今難しくなっていること、そして世相は決して良い方向に向っていないことを考えると、真面目に、真実を求めようとする若者が今後も入信し続けると思われる。事実カープ（CARP）はここ数年で大きくメンバーを増やしている。今となっては、とても心痛いことである。私は七年間統一協会に全てを捧げてきて、その後間違いを悟った者として、今後機会があれば、できる限りではあるが、救出に携わっていきたいと思っている。

私の救出に関わった全ての人に感謝します。ありがとうございました。

6　統一協会と現代社会及び現在の私

山内　悟（仮名）

(1)　はじめに

二十歳から二十七歳という、いわば人生において最も輝ける七年を、統一協会という悪の組織に完全に捧げ切り、その間違いを知るに至ってから数ヶ月が経った。この期間、私は失意の中から図書館や書店に何度も足を運び、多くの書物に触れ、また、ゆっくりと温泉に浸かったり、元々好きだった音楽に身を委ねたりしながら、少しずつ自分を取り戻してきた。また、統一協会という世界に飛び込むことによって、完全に見切りをつけた、いわゆる一般社会へと復帰すべき自分自身であるとの自覚から、政治や経済、法律について分りやすく書かれた本を読み、また、新聞や雑誌などを通して、一般社会に生きる人々がどのようなことに関心を持ち、何を求めているのか、そしてその結果として今、何が人々の間で流行しているのかなどについて、自分なりに、少しずつではあるが整理、納得することができてきている。

脱会直後に書いた手記では、入信から脱会に至るまでの私の心の働きを克明に記したが、数ヶ月が経過した今は、ある程度客観的な立場から、現代社会と統一協会そして自分自身を絡ませながら、改めて、統一協会とは何であるのか、救出とは何であるのかを、元信者の立場から訴える手記を書くことができるのでは、と思っている。先日、東京父母の会で発表した内容を中心として、書き進めてみたいと思う。

(2) なぜ統一協会に入るのか

改めて、私が何故、統一協会に入信し、全てを捧げてきたかを冷静に振り返ってみた。私は、大学の二年生の前期に入信を決めた。その決意は並々ならぬものであり、七年間の間、継続してきた。社会的に評判の悪い団体であると知っていながらもなぜそこまでの動機を持てたのかを、改めて考えてみたい。私は、大学生を中心としたカープ（CARP）に所属していたので、大学生を例にとってみることにする。

大学生の、大学入学の動機は、大きく三つに分かれると思う。一つめのタイプは、勉強にしてもスポーツにしても、自分の適性を既にある程度見極めており、高いモチベーションをもって入学してくる学生たちである。例えば、弁護士になる為に法学部に入ったとか、箱根駅伝を夢見て名門陸上部に入った、というケースである。二つめのタイプは、自分の将来も曖昧で、選んだ学部が果たして自分に合っているかどうかもよく分らないが、四年間で自分の適性や夢を見極めたいと思いつつ、大学に淡い期待を寄せて入ってくる学生たちである。三つめのタイプは、受験勉強で勉強に嫌気が差したり、あるいは、元々勉強が嫌いで、せっかく与えられた四年間の自由を、とにかく楽しいことを中心として羽を伸ばそうとする学生達である。もちろん、この三つの区分が正確であるとは言い切れないだろうし、在学中に考え方が変わることはいくらでもあり得るが、的を射ている部分もあるのでは、と私は思っている。

統一協会に入信しやすいのは「二つめのタイプ」であり、私も典型的な「二つめのタイプ」であった。「一つめのタイプ」は勤勉であったり、リーダー性があったり、比較的優れた人物であることが多いため、統一協会もできればこのタイプを入信させたいのだが、既に高い目標を持っていたり、交友関係が広かったり、多忙であることが多く、なかなか入信まで至らないのである。しかし、ひとたびこのタイプが入信すると、自分の夢などを捨てて入ってくるため、並々ならぬ信仰者となり、持ち前の影響力で周りを感化するようになるのである。名門大学になるほど、やはりこの「一つめのタイプ」が多い。

「三つめのタイプ」の学生達は、また別の意味で入信しにくい。世の為人の為とか、愛や人生について考える、というアプローチに対して、このタイプの学生達はあまり興味を抱かないことが多い。それに、そもそも統一協会自体が、このタイプをあまり相手にしない、という側面もある。

世の大学生の半数、あるいはそれ以上が、実は「二つめのタイプ」なのではないか、と私は考えている。一見、「一つめ」や「三つめ」のタイプに見えても、実は「二つめ」ということも少なくない。自信があるように装ってみたり、逆におちゃらけた雰囲気を装っているが、深く話してみると、実は自信がなく、不安が先行している、という学生達を私は数多く見てきたし、自分自身にもそのような要素があった。

では、「二つめのタイプ」とは、具体的にどのような人達なのか、という問いに対し、私はいくつかの例を挙げることができる。

①今までの人生でこれといった達成感もなく、また逆に大きな失敗や、悪に身を染めたわけでもなく、比較的可もなく不可もなく周りに合わせて生きてきたが、果たして自分はこのままでいいのだろうか、という漠然とした不安を持っている。

②今まで部活などに打ち込み、それなりの成果を上げてはきたが、大学に入ってまでもそこまでの苦労をしようとは思わず、とりあえずサークルなどに入ってみるが、かつてのような充実感が得られずに悩みはじめる。

③主に家庭環境が原因で傷つき、人間不信気味になったが、真面目な性格のため、表だって

親や社会に反発せず、自らの内に秘めてしまう。大学で何か始めて自信をつけたいが、一歩を踏み出す勇気が出ない。

もちろん、複数の要素が混在していることも多いだろう。私はといえば、③も少しあるが、①の要素が最も大きかったように思う

これらの要素は、時代的背景に裏付けられているのではないだろうか。私は、信者時代最後に所属していたカープ九州ブロックで、数多くの学生達が統一協会に入信し、また、それに伴って元々いたメンバー達がさらに信仰を深め活気づき、強い組織になっていくのを目の当たりにしてきた。九州ブロックの学生信者数は、ここ数年で何倍にも膨れ上がっている。カープに限って言えば、全国的に信者は大幅な増加傾向にある。私はずっとカープにいたため、統一協会本体の事情には疎いのだが、増加傾向にあることは間違いないだろうと思う。脱会後、テレビなどで、就職もせず通学するでもない、いわゆるNEET[*1]といわれる若者達が激増し社会問題化しているという話を度々耳にした。もちろん、NEETといっても一人一人、そうなっている経緯は違うだろう。本当にやりたいことを探している人もいれば、単なる怠け者もいるだろう。私は、統一協会信者の増加と、NEETの増加は決して無関係ではないと思う。先ほど挙げた「三つのタイプ」は、その全てが、いつの時代にも存在するものと思う。しかし、NEETなどと叫ばれ始めたのは最近のことだろうし、少年犯罪を始め多くの若者の問題がここま

で取り沙汰されているのも、一九九〇年以降のことではないだろうか。私は、「二つめのタイプ」の若者達が、NEETや統一協会、あるいはその他カルト団体の予備軍になっているように思えてならないのである。

＊1　NEET（ニート）――働かず学校にも通わず、職業訓練も受けていない若者を指す。

極めて一般論的な話になるが、これらのことは、いわゆる「バブルの崩壊」と深く関連している。敗戦のどん底から、日本は、国民が一丸となって国家の復興、繁栄の為に働き、そしてそれらが目に見える形となって表れつづけ、今日の経済大国を築き上げた。いつの時代においても、人々が人生に悩まないということはないが、日々の食事さえままならぬ段階から、働けば働くほど、年を追うごとに国が、社会が豊かになっていった経済成長期は、発展し続ける社会のために、国のために、そして家族のために希望を持って生きる人々が多かったことは間違いないだろう。

一九九〇年代に入り、いわゆる「バブルの崩壊」が叫ばれ、企業の倒産やリストラが相次いだ。同時に、離婚や自殺などが年々増加していった。年々、生活が豊かになるのを肌で感じてきたものが、後退に転じた時に、人々は物質的繁栄のみを追求することへの限界を感じはじめ、精神世界の充実を求める人々が増えてきたように感じられる。平和で安全、豊かな国として発展してきたはずの日本に、今までなかったような残酷な犯罪が続出するなど、様々な暗雲が立ちこめはじめ、本当の生き甲斐や、自分の価値などを考える人々が増えはじめたのは間違いない。今、日本に数限りない新興宗教が興隆しているのは、間違いなく時代的裏づけがあるのである。

私は、一九七七年に生まれ、バブルが崩壊し社会の混迷が始まった九〇年代に思春期を過ごし、一九九七年に統一協会に入信した。時代の変化、価値観の変化のうねりの中にあった私の十代の心は最終的に統一協会にたどり着いた、と言っても過言ではない。

先ほど挙げたNEETの多くは、私と同年代か少し下位だと思う。私はある意味では彼らの気持ちがよく分るのである。私達の年代ほど、様々な変化の波にさらされた年代はない。私達が高校生になる頃にポケットベルが普及しはじめ、大学生になる頃に携帯電話やインターネットが爆発的に普及しはじめた。私がリアルタイムに感じてきたこととして、ポケベルや携帯の普及と並行するように、茶髪や、丈の短い制服のスカートなどが徐々に当たり前になっていった。もっと踏み込んで言えば、少年犯罪の増加や援助交際などの性の乱れも、同じように並行して進行している。流行り廃りも極めて流動的だ。つい最近まで流行していたものが、半年、一年もすれば忘れられるなどという現象を、数多く見ては失望してきた。

結局、流行というものは、周りに合わせる人々によって成り立っている。本当に良いと思っている人ばかりではないので、廃れるのも早いのである。多感な若者は、特に十代は、どうしても周りで流行しているものを求めたがる。皆、髪を染めてるから染めよう、とか、携帯持とう、という具合である。私は、インターネットなどの普及に伴い、その傾向は続いていると見ている。私達の年代以降の、大量の情報が溢れた環境で育っても、メディアの世界や流行に中身がないことを薄々悟りはじめ、自分自身の価値観をしっかり築き上げる若者も、もちろんたくさんいるだろうが。

大人は、無意識にもそれができるのである。情報に踊らされることなく、自分の価値観でうまく利用していく。しかし、若者の多くはどうしてもメディアに踊らされてしまう。流行は商業効果を生むから、悪く言えば、簡単に流行に飛びつく若者はビジネスのターゲットにされてしまうのである。企業も、商売をしているのだから仕方ないが、結果として、多くの若者が溢れる情報の中で自分を見失っていくように思えてならない。そして、結果的にTVやゲームなど、あらゆるメディアが創り上げる虚構の世界と現実の境界線がなくなってしまい、残虐な事件を起こす少年が現れるなど、悲惨な状況へと繋がっていくのである。

情報化というものは、本当に両刃の剣である。大人はそれがよく分るが、人格形成の過程にある子供達には、それが分るようで分らない。

若者は社会の鏡であると思う。大人達一人一人が形成している社会に、子供達は否応なしに放り込まれ、その中で人格が形成されていく。働かない若者が増えるのも、犯罪を犯す少年が増えるのも、結局大人の責任である。経済発展によって与えられた便利なこの情報化社会を時代の恩恵として後代に伝えていきたいなら、子供達が情報に踊らされないように守ってあげるのが大人の責任ではないだろうか。それなのに、若者にそれをあおり、路頭に迷わせるような風潮があるように思えてならない、NEETは正に、現れるべくして現れたと思っている。

私が七年間所属した統一協会、カープが今、信者を増やしているのも決して無関係ではない。私はカープだったので大学生を主に取り上げているが、先ほど挙げた統一協会に入りやすいとした「タイプ②」の若者は、メディアに踊らされているだけではダメだと気づいたものの、どうしていいかわからずにいることが多い。周りに合わせるだけでなく、自分自身というものをしっかり確立していきたいと漠然と考えているが、うまくいかなかったり、実行力がなかったり、周りの目を気にしてしまう。あるいは、二十歳前後になると、何となく世の中に流れている一般的な人生観が見えてくる。先行き不安な世の情勢、度々耳にする凶悪な犯罪などに、「自分は、社会はこのままでいいのだろうか」などと考えたりする。とりたてて優秀でもないが、真面目で良心的な若者達。良心的なために、約束を守って通いつづけ、信者になっていく、向上心があり正義感もあるが、自信がなかったのであまり発揮されなかったが、統一協会の神によって絶対的自信を得、世の中が乱れれば乱れる程、使命感に燃え、献身する、私自身もそうだったが、統一協会の献身者はこういうタイプが多いのではないか、と思う。

私は統一協会を擁護する気もないし、信者であった自分を正当化したいのでもない。元信者として、統一協会の本当の恐ろしさと、中にいる信者、特に献身者達の実際の姿を知ってもらいたいのである。救出の対象となる信者の多くは献身者であろうと思うからである。

(3)　**統一協会信者とは**

一口に統一協会信者といっても、いろいろな人がいる。私が脱会を決意した後に読んだ、マインドコントロールなどを基にして統一協会の実態を暴いた何冊かの本によると、統一協会信者について、おおまかにこのように書かれている。「教祖によってマインドコントロールされ、教祖がカラスが白いと言えば白いという。無報酬で、慢性的な睡眠不足と栄養失調のため、正常な判断力が失われている」など……。

確かに、的を射ていることは射ている。しかし、統一協会を知らない人が、このような内容から、どのような印象を受けるだろうか。極めて画一的で、自我が失われた、北朝鮮の軍人達のような印象を受けるのではないだろうか。私でさえそう感じるのだから、一般の方はなおさらではないかと思う。マインドコントロールなどを詳しく解説したそれらの本の論調や内容は極めて正しい。私も、脱会後にそれらの本によってだいぶ心の整理がなされ、助けられた。それらの本を批判する気は全くない。ただ、マインドコントロール論だけでは統一協会および信者の実態を知るのに限界があるのである。

例えば、それらの本には、「統一協会のマインドコントロールには誰でもかかり得る」と書かれていることが多い。確かに、マインドコントロールの詳しい解説を読むと、統一協会の勧誘を受けたら皆、信者になりそうに思える。しかし、実際にはそんなことはないのである。私が、七年間で体験したことを基に、一つのデータを示したいと思う。統一協会の伝道拠点はビデオセンター（VC）と呼ばれているが、例えば、あるVCに一〇〇人の人が来たとして、一体どれ位の人がいわゆる献身者になっていくのかを、検証してみたい。

カープと協会では、多少、伝道の過程が異なる。カープでは二日、五日、四十日という三段階のセミナーを経て学舎に入り、数年の信仰生活をして、大学卒業後献身する。まず、土日に行われ費用も一万円程度の2days の段階で、一〇〇人から三〇人位に絞られるといえるだろう。VCに来ても興味がなかったり、問題意識がなかったり、参加を約束しても親から反対されるなど、いろいろな要因がある。そして、参加したとしても、またふるいにかけられる。次の5days に参加させる為に、徹夜態勢での説得が行われる。大学生の場合、五日間授業を休むのが厳しいというケースが多い。それでも、強引に参加を迫るのではなく、本当に相手のことを心配し、時には涙ながらの説得に真心を感じ、参加を決意していく。このような過程を経て、5days に参加するのは一八人位だろうか。ちなみに、5days 直前に統一協会であることを知らせるが、最近の若者はほとんど何も知らないのが実情である。

5days から新人研と呼ばれ、長期休みに行われる40days まで残るのが一〇人位、その後、学舎入りを決意するのが六人位といったところだろうか、ここまでの段階で去っていく理由として、「カープの目指すものは立派だと思うが、自分はそこまでできない」「自分には合わない」「周囲から反対された」が多い。教義に疑問を感じて、という人は少なく、むしろ、「真理である可能性は感じるが、自分はそれでも縛られず自由に生きたい」として去っていく人が多いのである（今考えると、千人中一人でもこんな伝道ルートで信者がつくり出されてしまうこと自体恐ろしいことで、マインドコントロールの恐怖を覚える）。

新人研修後、学舎に入っても、一年もすれば六人が四人位になる。卒業の段階で残っているのは三人位であろうか。その中で献身の道を選ぶ人は二人位である。献身せず、信仰しながら働きはじめる人も、半数近くは原理に価値を感じなくなり、自然に去っているのが現状である。それはそれで結果的には良いのであるが。

一般の方は、この現状に対し、「途中で去った人は社会的自立心があり、賢明である。献身する人は宗教に慰めを求めているだけだ。心が弱い」という印象を受けるのではないだろうか。多少、極端かもしれないが、これに近い感覚では、と思うのである。しかし、実際は、去っていく人のほとんどは、組織や教義の間違いに気づいて去るのではないのである。活動が苦しくて耐えられなくなって去る人、申し訳ないと思いつつ去っていく人がほとんどである。原理を忘れてしまえばいいのだが、悲惨なケースは、「自分は神を裏切った」と自分を常に責めながら生きなければならない脱会者の場合である。

一方、献身者はどういう意識を持っているのかというと、かつての仲間が次々と去っていく中で、「自分がもっと頑張らねば！　真理の道は険しい。去っていった人の分まで伝道し、神を慰めるんだ！」と、むしろ更なる決意をする。「この世界の命運は自分の双肩にかかっている！」位の意識は、統一協会の本当の姿を知らない献身者は持っていると思う。そして、どんな苦労に対しても不平を言わず、黙々と向かっていくのである。

統一協会の献身者は、憂世から宗教に逃げているような人達ではない。むしろ、正義感が強く真面目な、本来社会に貢献し得た人達である。統一協会の恐ろしさは、このような人達に、「正しく、正義であるという確信のもと、違法行為に従事させ続ける」ことである。それだけでなく、その確信は強まり続け、それが誇りとなりアイデンティティーとなる。

統一協会の信者は「怪物」などと称される。確かに、一般の方からはそう見えるのだと思う。しかし彼らは、決して盲目的な信仰をしているのではない。信じる源があり、そこに人生を賭けている。教義の間違いを悟ることができれば、自然に脱会という結論が導き出されてくるのである。しかし、その信じる度合いがすさまじいこと、そして彼らへの間違った理解のために、救出できないことが多い。正しい取り組みをすれば、必ず救出することができるのである。

(4)「世の乱れ」が信者を増やす

統一協会信者、特に献身者達は、極めて強力な信仰を持っている。しかし、彼らとて一度や二度ならず何度も、深く思い悩んだり、時には信仰を捨てようとさえも考えたことがあるものなのである。私の場合、そのような時の突破口の一つとして、「自分がここで潰れたら、日本は、世界はどうなるのか」という思いがあった、実際、リアルタイムに自殺者や離婚率、少年犯罪などが年々増加していく事実や、教義の根幹の「性的不倫による人間始祖の堕落」を裏づけるように性倫理が乱れに乱れ、凶悪な性犯罪が増加していることは、紛れもない事実である。そのようなニュースを耳にする度に、「やはり原理が正しいのだ」と確信すると同時に、「我々がもっと頑張らねば！　悲惨な世の中から一人でも多く救い出し、神の愛を中心とした、為に生きあう世界を一日でも早く築くんだ！」と、更なる決意をするのである。つまり、世相が悪化すればするほどに、特に性に関する悲惨な事件が起これば起こるほど、統一協会信者の信仰が深まり、その情熱がより多くの信者を生み出し、そして伝道に成功すればまた更に信仰が深まるという、言ってみれば悪循環が繰り返されていくのである。

例えば、昨年末に、いくつかの私大運動部員が集団で性犯罪を犯した、として摘発された。私は既に脱会していたが、テレビを視ながら、「ああ、またカープの学生信者達の信仰が深まったな」と感じたのである。そして、カープの幹部は、「運動部の学生がこういう状態だ。もはや、日本の大学は乱れきっている。一人でも多く救おうではないか！」と、更に信者達を伝道に駆り立て、信者が増えていくのである。先ほど、「伝道の成功率は低いと詳しく説明したが、たくさんの人が来るようになれば必然的に、率は変わらなくても人は増えるし、世の乱れを逆手に取った伝道は、より正義感のある真面目な人を吸引することになるのである。私が訴えたいのは、「一部の心ない人達の身勝手な行動や、性関係をあおるような風潮が、統一協会の基盤となり、存続の後押しをしている」という事実なのである。

(5) 救出について

多くの場合に救出の対象となる献身者達は、統一原理、世の中の現状、自分自身などを対比しながら、自分自身の人生に見切りをつけ、神のために全てを捧げると立ち上がったのである。彼らの家族は多くの場合、「そんな悪の組織やめちまえ」とか、「お前のせいで苦しんでいる」などと信者を非難する。これはもっともなのだが、信者は、「自分の愛、信仰が足りないからだ。頑張らなくては！」と捉え、逆効果となってしまう。そして、あまり家族が強く反対する場合には、いわゆる「監禁」を警戒し、家に全く帰らなくなってしまう。私の両親は、ある時からほとんど反対しなくなり、少しずつ理解を示すような素振りを見せはじめた。それから二年ほど、私は、できる限り都合をつけ、帰省して両親に顔を見せるようになった。実際は、両親が統一協会に関する本を読み、信者についてある程度把握し、柔軟な対応を心掛けてくれていたのである。つまり、私の救出に、本格的に取り組みはじめてくれた、ということである。

両親は、とても複雑で苦しい思いだったのだろうが、私が帰省すれば、笑顔で迎えてくれ、私が自分の部署の伝道の具合など、聞きたくもない話をしても、聞いてくれたのである。その時のことを思えば、本当に両親には頭が下がる。もし、帰る度に「いい加減にしろ」とか、「家族のことを考えろ」など言われつづけていたち、救出には至らなかったのではないか、と思うのである。両親は、複雑な思いをこらえながら、じっくりと、救出のための準備を進めてくれていたのである。

信者は、「家庭対策」について綿密な教育を受けている。私も、例外でなく、「救出本番」においては本能的に危機感を覚え、いかにこの場を逃れるかをとっさに考えた。しかし、その時に父が語った勉強会の意義は、しっかり筋が通っていた。そして、その時の私には分らなかったのだが、私を救出するために、両親、妹、弟が必死に準備したことから来る、積み上げられた自信から発せられるオーラに満ちていたのである。

信者、中でも伝道をやっている人は、普段から人の情や動機を把握したり、分析することばかりやっている。信者達は、実は、その場の雰囲気や成り行き、あるいは自分に投げかけられる言葉の真意などを見抜く力をもっていることが多い。そのため、取って付けたような話をしてもすぐ見破られ、心を閉ざしてしまうのである。救出の勝敗は、この、初めの「なぜ勉強会なのか」を信者がどう捉えるかに懸かっているといっても過言ではない。私は、その時に、背後で操る存在のことは感じなかったし、警戒する思いはもちろんあったが、勉強会の意義を感じることができたので、同行したのである。

救出カウンセリングの場において信者は、いかにしてこの場から逃れるか、ということばかり考えている。私も例外ではなかった。カウンセラーから、『原理講論』の間違いの指摘を受けつづけ、追い込まれるにつれて、脱走の計画と方法を具体的に考えはじめた。単に苦しみから逃れるための脱走ではない。ここで自分が信仰を失ってしまったら家族が救われる道が閉ざされてしまう、神を裏切ってはならない、という思いが強くあった。

ある日、脱走のシミュレーションをして、遂に決行しようとしたことがあったのだが、いくつかの思いから、私は思いとどまるに至った。一つは、ここで脱走することは、むしろ私が家族との約束を破ることになるのではないか、という思いである。もう一つは、本当に自分が信じてきたこの教えが真実であるのならば、論破されるはずはないではないか、という思いである。家族との約束を守れるところまで守ろう、という思いが、その日の夜中に、数時間の迷いの末に私を踏みとどまらせたのであった。

その時に、仮に脱走を試みて成功したかは別にして、その極限状況で私を踏みとどまらせたものは、他でもない、救出カウンセリング開始からその時に至るまでの、両親、そして弟、妹の姿であったと思っている。誰に操られているのでもない、一貫して真剣な姿を見せてきてくれたからこそ、最後まで受けて立とうと、私に思わせることができたのだと思う。信者は、一生懸命信仰してきていればいるほど、寝食を忘れてやってきた意地があるし、誇りをもっている。その為、救出カウンセリングの場において家族がもたもたしていたり、誰かに操られて動いているような雰囲気を感じると、すぐに見破り、見切りをつけてしまうのである。逆に、真剣さ、必死さを信者が感じることができれば、信者は、「自分も真剣に信仰してきたが、この場に賭ける家族の思いも真剣なんだ」と直感するのである。その基準は、紙一重であると言えるが、取って付けたような演技は、信者にはまず通用しない。その時の私に伝わったのは、私を救うために、家族が必死になって努力してきた、長い月日が培ってきた思いの結晶であったのだと今は思っている。極端な話をすれば、「生命を賭けて信仰している信者を救出する為には、同じように、それ以上に生命を賭けて取り組む」ということになる。

統一協会の信者が一人の人を伝道するときには、断食し、冷水をかぶり、涙の祈りをする位、真剣に取り組むし、その姿勢が伝わって初めてその人が信者になっていく。そして、真剣な取り組みが実った、という勝利感を持ち、信仰が深まり、献身していくのである。そのようなことを繰り返している信者を救うには、その信者が伝道する時に、伝道対象者に注ぐ愛、真剣さ、あるいはその信者が入信する時に受けた愛以上の力を家族から感じることが不可欠である。逆を言えば、統一協会の神以上の愛を信者が家族から感じられれば、必ず救出することができる。私は、約二十日間の救出カウンセリングで間違いを悟ることができた。私が信者だったとき「A姉妹が七ヶ月監禁されて落ちた」とか、「B兄弟が四ヶ月監禁されたが脱走してきた」などという話をよく耳にしていた。半年や一年二年は当たり前の世界だと思っていたのである。結局、救出カウンセリングが延びるのは、信者について正しく把握されていないことが原因だと思う。信者は、真実を求めており、統一協会の中で真実を感じている。その「真実」を、「偽り」であると悟らせるためには、家族が「真実」を示す以外にないのだと思う。

(6) 現在の私と未来への思い

統一協会の信者は、脱会後に例外なく後遺症に苦しむ。私も、実家に戻って一ヶ月程、年が明ける位までは、はっきり言って生きた心地がしなかった。やはり、命懸けで信じたものが偽りだったという衝撃は並大抵のものではない。さらに、これから自分は何を信じて、何を携えて生きていけばいいのか、暗中模索状態である。共に歩んだ兄弟姉妹達が、毎日のように夢に出てくる。家にいるといろいろ考えてしまうので、私は図書館に毎日のように通った。その時は、自分の状態を知ってもらい、共有してもらおうと、父と多く会話することを心掛けた。夕食後、共に酒を飲みながらいろいろ話すのである。私は、今の自分の受け皿は両親しかいないと思い、信じて正直に自分の現状などを話したものだが、申し訳ないのだが、正直、酔った父の言葉の多くに、不安定だった私の心は更に傷つけられることになってしまった。

「自分の適性を見極め、夢を持った人生を送りたい」と言えば、「お前の言っていることは高校生レベルだ」と一蹴され、「世のため人のために生きたい」と言えば、「家のことをないがしろにして何が世のため人のためだ。まず家のことを考えろ」と言われた。「今自分がとても共感しているこの本を読んでほしい」と渡した本は、なかなか読んでくれなかった。これらの言葉によって受けた傷は、今なお癒えてはいない。私の言うことの全てが「それは統一協会の発想だ。早くそんなものは捨てて、現実を直視しろ」というように捉えられていると感じた。

無理もないのである。父から見れば、どんなに統一協会や信者について勉強し、我が子を脱会させたとしても、統一協会は「我が子を洗脳し続けた怪物」なのである。怪物から取り戻した我が子の言うことに怪物の匂いがすれば、生理的に否定し、父が今まで生きてきて父なりに築いてきた価値観をもって、我が子を一日も早く普通の社会人に戻したい、ということなのだろう。そのような思いは痛いほどよく分るのである。それでも、それでも頭から言うことを否定せず、せめて、せめて聞いてほしかった、というのが正直な思いである。今私はあえて、父と酒を飲むことを意識的に避けている。父も誘ってこない。もう少し、時間が必要だろう。

金銭面で親を頼る状況をいち早く脱しようと思った私は、二つのアルバイトを始めた。一つは早朝の市場、もう一つは個別指導塾の講師である。七年の信仰生活で、早起きには絶対的自信があったし、楽ではないが時給のいい市場の力仕事。そして、元々得意としていた英語のやり直しも兼ね、さらに、七年間で培った「一人一人に関心を持って向き合い、じっくり教育する」スキルを生かした塾講師。両方とも私にピッタリの仕事だ。そして、週二回日本語教師養成講座に通う。あえて、朝と夜のバイトを選んだ一番の狙いは、昼間の時間に英語や言語学の勉強をするためだ。全てが想定通りに運び、今、毎日がとても充実している。

私は、悔しかった。元統一協会信者は社会になかなか適応できないという。父からもそのようなことを何度も言われた。本当にそうなのか。兄弟姉妹のことを自分のこと以上に心配し、寝食を忘れて神と人を愛した七年。間違いなく言えることは、「七年間で人間が好きになった」ということである。誰にでもすばらしい個性があるが、傷つき自信をなくし、自虐的になり、個性が発揮されていない人は多くいる。その全てを共有し、励まし、共に歩く中で、埋もれていた一人一人の良さが芽生えていくことを感じる喜びは、何にも代え難い。私は、そのような兄弟姉妹一人一人に真剣に向き合い、うつむいた顔に笑顔が戻る様を見るのが生き甲斐だった。自信をなくした女性信者の話を真剣に聞きながら、本当に哀れに思い、思い切り抱きしめてあげたいと思うことがあった。そんなことは、統一協会では厳禁なのだが。そのような中で培われた他者への思いやりや愛情は、私の中にしっかりと息づいている。

どんな人にも必ず良さがあるのだ。朝の市場の仕事で、仕事が遅いと怒鳴られたことがあった。時には理不尽に思うときがあった。しかし、私より三つほど上でしかないその人に子供が二人いて、家族のために昼の仕事がありながら朝も働いていることを知り、尊敬の念を抱いた。塾の仕事は、正直、給与の面では割に合うとはいえないが、それでも、自分が担当した生徒が何か自信を持ち、希望を持ち、前を向いて生きていくことの手助けになればそれでいい。元統一協会信者ということで、社会に出て困難を感じたことは何一つとしてない。むしろ、誰にでも親しみを持って接することができているような気がする。日本語教師講座の同期の中でも、私は飲み会を企画する立場にある。

新しいことを始めるのにも、一文無しの私は、両親に金銭的援助を頼まねばならなかった。特に父との間にしがらみを感じていた私は、本当に惨めだった。妹や弟からさえ、「そんなことできるのか」と言われ、本当に悔しかった。そこまで言うなら黙って見ていろとばかりに、今私は、朝五時半起床で市場の仕事、昼は図書館で勉強、塾の仕事を終え、夜十時過ぎに帰る、という毎日を続けている。収入は月約九万円、学費も自分で払っている。

私は、書き連ねたように、家族の、特に父の多くの言葉に傷ついたのは事実だが、これは仕方ないことでもある。元統一協会信者の本当の気持ちは、やはり元統一協会信者にしか理解できないのである。私は、私のために長い年月を捧げ、救出に力を尽くしてくれた家族には、どこまでも感謝している。父の言葉に、こんな家出ていってやる、と思ったことは一度ではない。しかし、私の本音は両親への感謝、そして、幸せな結婚をして両親を安心させたい、という思いである。家業の農業を継ぐことは、やぶさかではない。そもそも、日本語教師という職業はプロとして生活していくのは困難な仕事である。家業のことを視野に入れ、自分の経験や個性を生かせることを見極め、今、講座に通っている。

ボランティアでもいい。少子高齢化社会になるのは確実、流入する外国人労働者達に日本語を教え、日本の文化に親しんでもらう。他者に対する思いやりというものは人種や言語の壁を越えると、私は信じている。私のこのような思いを共有できる女性と結婚できれば、私にとっての最高の幸せである。

私は、今でも統一協会の兄弟姉妹が愛おしい。もう会うことはないかもしれないが、私は彼らのことを忘れないだろう。何年か経って、今頃彼はどうしているだろうか、などと考えることだろう。私は、私の個性を生かし、地道に社会貢献し続ける人生を送りたい。それは、統一協会の中にいる兄弟姉妹達の無念を少しでも晴らすためでもある。そして、できれば、私が輝くことによって、統一協会の信者達が怪物でも気ちがいでもないことを、身をもって証明して見せたいのである。

夢を持ち、未来に希望を抱き、世のため人のため、正義のため善のために生きる。統一協会にいた時もそうしていたし、今もそうしている。そしてこれからも、そうしていくつもりである。

7 脱会

川口厚子（仮名）

その日、私は協会のミーティングのため、家に着いたのがまた十二時を過ぎてしまいました。そしてドアを開けて居間に行くと、父をはじめ家族が座っていました。そして用意されていた話し合いの部屋に連れて行かれたのです。私は統一協会の信者になって四年が過ぎ、合同結婚式にも参加し、その時に結婚相手となった韓国の男性と結婚しようと、自分なりに準備を始めていた時でした。

信者になったきっかけは、たまたま駅で、「手相を見せて下さい！」と二十歳くらいの女性から声をかけられ、手相を見せてあげたことです。そして、ビデオセンターという所に行き、さらに詳しく手相を観てもらい、その結果、「今、転換期だから、自分を高めることをした方がいいですよ。それによって将来が大きく変わってきます。ここで自己啓発をやっていますから、通って勉強した方がいいですよ」と熱心に言われました。ほとんどの人がそうなのですが、最初から「ここは統一協会です」とは言われません。統一協会の名を伏せて、ビデオセンターやカルチャーセンターだと言われます。その場所も、宗教っぽい怪しい感じはなく、ごく普通な感じにしています。私が行った所も怪しい雰囲気はなく、かわいい喫茶店のような感じでした。ですから、まさか宗教団体とはわからず、自分を高めるいいチャンスかなと思い、そこに通うことにしてしまいました。

ビデオセンターでは、感動する映画や、人のためや世の中のために生きた人のビデオや、愛に溢れる内容のビデオなどを見ます。宗教色があるといえば、神や霊界に関するビデオがあったことです。でもそれは難しい内容のものではなく、マザー・テレサや、映画でいえばゴースト（悪人は死後に地獄に行き、善人は天国に行く場面がある）など、世の中で受け入れられているものでした。そしてスタッフの人達と話をします。ビデオの話はもちろん、その他仕事の話しや悩みだとか、とにかくいろいろな話をします。その目的は、その人が抱えている問題や育ってきた環境を聞いて、今後どうやって統一協会の教義に結びつけていくか分析するためと、通って来る人に話をさせて、ストレス解消というか、気持ちを楽にさせてあげるためです。ビデオセンター側は、その人の情報が得られるし、通ってくる人はとても親身になってくれるスタッフに対して好感を持つようになっていきます。私もそうでした。ビデオセンターに行くのが楽しかったし、ここはいい所だと思うようになっていきました。

ビデオセンターの目的は、まずは通って来る人の警戒心をなくし、そこのスタッフや、教えられる内容に対して心を開かせることです。それから、徐々に時間をかけて、統一協会の教義を少しずつ教えていきます。ビデオセンターを卒業した後に、何段階かの教育システムがあり、それを終えると、初めて信者になります。その教育システムの途中で、「ここは統一協会です」と告げられます。既にある程度の理論などを教えられていて、その内容に共感している状態で、告げられます。ですから、宗教団体と聞かされてショックは受けても、それは聞いた時だけで、すぐに受け入れてしまう人がほとんどです。

私もビデオセンターを卒業し、その後、勉強を続けていた途中で統一協会と告げられました。しかし、既に共感していたので、宗教団体と聞いてビックリしましたが、ほとんど抵抗感はありませんでした。元々は神の存在も否定していたし、宗教も大嫌いだったのですが。

それから、信者としての生活が始まりました。仕事を辞め、統一協会の活動だけをする人、仕事は辞めないけれど協会の施設に住んで活動をする人、家から協会に通い、活動する人など、信者にもいろんなパターンがあります。私は通教といって、家から協会に通う形で活動していました。普通に仕事をしていたので、平日は仕事の帰りに協会に通い、そして土曜日と日曜日は、ほとんど朝から協会へ行き、活動をしていました。土日の協会の活動は主に伝道で、その頃は夜遅くまで伝道をしていたので、家に帰るのは十二時を過ぎることがほとんどでした。家から協会に通っていたとはいえ、家にいる時間は短く、寝に帰るようなものでした。

その頃の私は、一生信者として生きていくことを決意していて、韓国へ嫁ぐことにも何の迷いもありませんでした。その結婚相手は教祖が決めてくれた人です。ですから相手の方とは結婚が決まってから会いました。普通の人からすると、信じられない結婚でしょう。しかし信者は、教祖が決めたということは神の声を聞いて選んでくれたことになり、神が与えてくれた人と信じています。ですから、不安はありませんでした。今思えば絶対にあり得ないのですが、当時はそれだけマインドコントロールされていたのです。でも、ただまっしぐらに信仰を続けていたのではありません。途中でやめようと思ったり、悩んだりしましたが、信者の道を選んでしまったのです。

さて、家に寝に帰るような協会の活動ばかりしていた私は、親が私との話し合いを準備をしていることに全く気づかずにいました。協会は信者に、家族から協会をやめさせる勉強会をやるような状況にさせられそうになったら逃げなさい、と教えています。信者は、協会の言うことを一〇〇%優先する状態になっていますから、逃げてしまうのです。逃げてしまったら、勉強会どころか話し合いすらできません。当然、信者だった私もまず逃げようとしました。

親は、私とじっくり話がしたいと言ってきました。しかし、話がしたいのであれば、私は毎日家に帰っているのだから、家に帰った時に話せるはずです。本当は話がしたいのではなく、私をやめさせたいのです。さあ、これから親との戦いが始まるぞ！　絶対にやめないぞ！　絶対に信仰を守り、協会に戻る！　と決意したのはいうまでもありません。

信者は、どのような状況になっても割と冷静です。なぜか。それは、家族が反対する気持ちも解るし、協会で前もってどうやって逃げたらいいのかなどについて「反牧教育」を受けているからです。また、自分が協会に入る時も最初から素直に入ったのではないし、じっくり話を聞いて、自分で確かめてから入信したつもりでした（実際は、入信するしかないように話をされるのですが）。世の中が統一協会に反対している理由も教えられます。ほとんどの信者が素直に入ってきたのではなく、その人なりに考え、また悩み、そしてその結果、素晴らしいと感じて入信しています。だから、何も聞いていない家族が反対するのも無理はないと思うのです。また、逃げるためには、家族の様子を覗っていなければなりません。たとえば誰がこの計画を立てたのか、全員が反対しているのか、もしかしたら誰かにそそのかされて、一応手伝っているだけの人がいるかもしれない、自分の味方になってくれる人がいるかもしれないと、冷静に分析をします。協会に戻るためには、相手の出方を見なくては自分も作戦を立てられないのです。

部屋での生活はどんなものかというと、家族の側は、話し合いをするためと言って部屋を用意したのですが、本当の理由はやめさせるためですから、話し合いを続けるのでもなく、とりあえず私と一緒にいて安心といった感じで、何をするわけでもなく日々が過ぎていきました。特に私は祝福（合同結婚式）を受けていて、韓国の方との結婚が決まっており、韓国に行こうとしていたし、入籍もしていました。だから、親は私を韓国に行かせないためにも、私を手元に置いておくだけで安心だったのです。たまに話をする日もありましたが、話をしても平行線ですから、決着などつきません。

なぜ、平行線になってしまうのでしょうか。統一協会に反対する側は、霊感商法や、合同結婚式で見ず知らずの人と結婚させられてしまったり、多額の献金を強いられたりと、普通の観点からおかしいと思う話をしてきます。しかし、そういう話は信者には通じません。信者だって、普通の考え方からすればおかしいと思っています。しかし信者は、既に統一協会の教義を通した考え方になっています。その教義から考えると、霊感商法（信者はこのように呼びません）、合同結婚式、献金は正しいのです。ちゃんとした立派な理由があるのです。極端に言うと、信者は善と悪が逆さまの考え方をしているともいえます。だから、話がかみ合うわけがないのです。平行線になって当然です。

私の場合も、話し合いをしても最後はケンカになっておしまい、ということが何度もありました。そして、話し合いをすることもなく、日々が過ぎていきました。

そこで、親は、聖書に詳しい人を連れてきました。その人の話を聞くことになったのです。「いよいよ、来たな」と思いました。統一協会で習ったパターン通りです。まずは、家族で話し合いをして、その後に聖書に詳しい人が来て説得を始める、と。その方は聖書には詳しいのですが、統一協会の教典である『原理講論』には詳しくありませんでした。ほとんどの信者は、聖書の本来の解釈は解りません。元々日本人には聖書の勉強をする人は少ないと思うし、統一協会の信者になる人達も、聖書に関する知識は、ごく普通の日本人と同じです。アダムとイブ、モーセ、イエスなどの名前は知っていても、聖書の内容までは知りません。統一協会では、本来の聖書解釈は教えません。独自の偽った解釈しか教えません。ですから、本来の聖書の内容を教えられてもピンときません。『原理講論』は聖書の新しい解説書、とさえ教えられていますから、キリスト教の教えを聞いても、残念ながら統一協会の教義の間違いに気づきません。私の場合は、キリスト教の話を何回か真剣に聞いて、原理が正しい！　と確信さえしてしまいました。

私は、統一協会の間違いに気がつくどころか、統一協会が素晴らしい！　と更に信仰を深めていきました。困ったのは家族です。キリスト教に詳しい人の話を聞かせても、私が統一協会の間違いに気づきません。まして、ちゃんと話し合いをすれば部屋から出すようなことを私に言っていたので、親が約束を破った形になったのです。こうなってくると、親子間のみぞが深くなっていくばかりです。最初は親子で話し合いをするために私と一緒にいたいと言っておきながら、そうではなくやめさせるためにいることになります。もちろん、初めからやめさせるためと分っていますが、それが顕わになってくると、親には私の言い分も気持ちも受け入れる余地がないことになりますから、私としては親に対してどんどん心を閉ざしていくことになりました。

協会の教えに「恩讐を愛せ」というのがあります。これはどんなに怨みがある相手でも、愛せない人でも、愛さなくてはいけません、という教えなのですが、こじれてきているので、愛することなんてできなくなってしまいました。

そうこうしているうちに、三ヶ月が過ぎました。私が全く間違いに気づく様子もないので、親は焦ってきたのでしょう。今度は別の説得者を捜しました。そして、勉強部屋を違う所へ移動しました。移動する際、何かおかしいと思い、車から逃げることも考えましたが、成功の確率が低いと思い、それはやめました。移動の途中で、一体これはどういうことかと、親を問い詰めたら、「今度は一緒に勉強する。真剣に勉強するから」と言われました。その言い方が真剣だったので、半分は親の言い分も納得しましたが、半分はどうにかしてやめさせる気だな、と思いました。

そして、別の部屋に移り勉強も始まりましたが、親の失言により、親が真剣に勉強する気持ちは〇%で、やめさせるためが一〇〇%であると分ってしまいました。私は親に対して怒りにあふれ、説得者に対しても心を閉ざしました。こういう状態での勉強ですから、説明される内容が頭に入ってくるはずがありません。「真剣に勉強する」と言った親の発言に、またしても騙されてしまったのです。信者は意外と素直だったりもするので、真剣に勉強するなんてウソだろうなと思いつつも、信じる面もあるのです。ですから、勉強会で親も統一協会は真理だと気づくかもしれないと、少し期待を持ったりもします。しかし、勉強する気が〇%だと分ってしまい、騙されてしまったので、怒りとなってしまいました。それと同時に、説得者に対しても心を閉ざしました。説得者は反対派と教えられていて、もともと心を開いて話を聞くわけがないのです。それなのに、やめさせるための勉強会という結果になってしまったら、心を開くはずがありません。

統一協会が偽の宗教団体と気づかせるには、信者自身に自分の頭で考えさせることです。それには、キリスト教の話をするのではなく、統一原理がいかに間違っているかという話を、証拠と根拠を持って話すことです。統一協会は偽の宗教団体ですから、しっかりと説明をして、それを信者が真剣に自分自身の頭で考えることができたならば、間違いに気づきます。しかし、信者に自分で考えさせるということは、とても難しいのです。やめないように、統一協会から事前教育をされているからです。まず逃げなさいと教えられていると書きましたが、それだけでなく、逃げられなかった場合は、勉強会で相手の話を聞いたらいけないとか、信仰を守る方法を教えられています。統一協会にとって信者は金づるですから、一人でも減らしたくないのです。また、統一協会での生活は大変でもあるのですが、楽しい生活でもあります。信者同士の深い絆もあります。そして統一協会によって今までの悩みが解決できたり、悲しい気持ちや淋しい気持ちなどから救われた実感を持っています。信者は、統一協会を良い所だと思っているのです。

また、家族にさきがけて自分が選ばれ、自分が信仰を守ることによって、家族をも幸せにできると教えられています。使命感を持たされているので、自分の幸せの為だけでなく、家族の為に信仰をしている部分もあるのです。ですから、そんなに簡単に統一協会から離れる気持ちにはなれないのです。

そういう状態にある信者に対して、いかに自分で考えさせることができるかが、大きなポイントです。自分自身で考えるとは、間違いを認めることにつながることなのですから。私のように、親に対して怒っている状態、冷静でない状態で勉強しても、考えることなんてできません。当然、私は「やめるもんか！」という気持ちでいっぱいでしたから、考えるなんて一切できませんでした。

私の心を閉ざした状態を自分で考える状態に、説得者と家族がしてくれました。それは簡単なことではありません。一度信頼した親から騙されたわけですから、その親をもう一度信頼するなんてなかなかできません。説得者を交えて、何時間にも及ぶ話をしました。それは、すさまじい話し合いでした。その結果、親に対しての怒りの気持ちが薄れ、説得者に対する信頼の気持ちができました。

ようやくわだかまりが解けて、説得者の話も素直に頭に入ってきました。冷静に勉強してみると、統一協会の教義のウソがはっきりと見えてきました。勉強すればするほど、間違いと分りました。勉強した内容もキリスト教本来の解釈の勉強ではなく、統一協会の教義の勉強だったので、よく分りました。間違いが分った瞬間、何かが晴れたような、そんな感じでした。それと、「ああ、騙された……。マインドコントロールされていた……」と思いました。信者だった時に、マインドコントロールされていると言われても、絶対にそんな事はない！　と確信していたのですが。それと、教祖や幹部に対して、怒りの気持ちが沸いてきました。

統一協会の実態は、宗教団体ではなく詐欺団体です。信者を騙し、信者からお金を取り、更に信者の家族や友人達からもお金を集めます。信者を使って物売りなどをして、一般の人からもお金を集めます。統一協会にとって、信者はお金を集める集金マシーンなのです。そのお金を使って、教祖や幹部はとても贅沢な暮らしをしています。しかし、信者には、この世の全ての人を幸せにするために、神が教祖を通じて作った協会だと教えています。現在、悪の親玉であるサタンにこの世が支配されているので、愛ある神の世界にしなくてはならない。元々、神は愛ある世界を作るはずが、最初の人間の成長段階での失敗でサタンの世の中になってしまったと。今、神が必死に愛ある世界にしようとしている中で導かれた信者は、神によって選ばれた人である。だから、どんなに辛くても、神の願いをかなえるために、世の中を愛あふれる世界にするために、神と共に働いてほしいと教えています。

ですから、末端の信者は寝る時間をさき、遊ぶこともやめ、とにかく自分のやりたいことはやらずに、協会のためにひたすら働いています。自分を犠牲にして働いているのです。信者は自分の幸せのためだけでなく、家族のため、世界の人々のために働いているのです。マインドコントロールされていますから、統一協会の教義の考え方を優先するので、傍から見るとおかしいと思われることが多いと思いますが、信者たちは世の中を良くしようと必死なのです。そんな信者の気持ちを踏みにじっている統一協会の教組や幹部は、絶対に許せません！

騙された方が悪いと思う方も沢山いると思います。たしかに、騙される側にも悪い点はあるでしょう。ただ、統一協会は約四十年にわたりマインドコントロールを続けているので、とても巧妙なのです。時代と共にマインドコントロールの方法も変えています。ですから、初期の頃と今とでは勧誘の方法も違うし、信者の扱い方も違います。教典も、国によって内容が違います。それと、たまたま悩みごとがあったり、落ち込んでいたりとか、精神的に弱い時に声をかけられて入信してしまうケースが多いのです。人の弱みにつけ込んでくるのです。同じ人でも、仕事も人間関係も恋愛も、全てに順調だったら、たとえ声をかけられても、はねのけることができたはずです。私も何度も声をかけられましたが、ずっと断ってきました。たまたまちょっと弱気になっていた時に、乗ってしまったのです。

いろいろありましたが、私は脱会することができました。本当によかったと思っています。教祖や幹部の裕福な暮らしのために、見ず知らずの人と結婚もするところでした（合同結婚式を受けると、献金をしなくてはならない）し、一生ウソの教義を信じ、献金をしつづけ、ウソの人生を送るところでした。私が脱会するまで、家族をを含め、多くの人が関わってくれました。その人たちに本当に感謝の思いで一杯です。

もし、私が何時間か信者に話をして、間違いと悟らせることができるのなら、全信者に話をして、ウソであると言いたい。好きな時に起きて、好きな時に寝て、好きなものを食べ、働いて得たお金を自分の好きなように使い、恋愛もし、傷つくことも多いかもしれないけれど、自分の好きな生き方ができる生活に戻してあげたいです。しかし、何年もかけて信仰を確立している信者に、わずかな時間話したところで、間違いに気づくはずがありません。それができたなら、やめた信者が現役信者に話をして、どんどん人が減っていき、すでに統一協会の存在はなくなっていたでしょう。

統一協会は偽の集団なので、取り組み方さえ間違わなければ救出できます。もし、家族や大切な人が入信してしまったら、ぜひ救出をしてほしいです。しかし、よく分らないまま行動を起こすと、二度と家に帰らない状態や、海外に飛ばされてしまう状態にもなりかねません。統一協会は、潰されないように政治家に取り入っているような、ずる賢い団体でもあります。ですから、救出をする家族も賢く取り組んでほしいです。私を説得してくれた方の救出論を理解し、その通りにできたならば、必ず脱会させることができるはずです。

救出には、家族と、間違いを指摘できる説得者が必要です。マインドコントロールを解くのですから、簡単なことではありません。しかし、ぜひ取り組んでほしいです。ウソの結婚、ウソの人生を歩ませないために、ぜひ救出をしてください。

＊　ここに登場する家族は、〔父母の会〕を通じて救出に取り組んだのではなく、娘がまもなく韓国に嫁に行ってしまうことに危機感を持って、自己流で決行してしまい、難航の後、運よくカウンセラーのもとへ辿りついて目覚めたケースです。

終章　当会の救出論

1　当会の救出論

笹森壮一郎

相対姿勢（心を開き応対すること）が確立しなければ、信者は目覚めません。相対姿勢が確立すれば、説得者の統一原理の間違いの指摘、話すことが聞こえます。間違いを指す資料が見えます。それによって今迄信じてきたことを真実と対比して考えることができて、統一原理は真理でも地上天国を作れる理論でもないことを悟ります。更に多くの偽りを検証することによって、統一協会の上層部は偽りを真理と見せかけて、信者をだましていることを悟ります。この段階まで到達するともう二度と統一協会に戻ることはありません。むしろ怒りを覚えて反対活動を積極的に行い、統一協会に残っている兄弟姉妹を救出することに真剣に取り組むまでに至ります。ですから、信者は親が思っているほど狂信的、盲目的、病的ではないのです。

統一原理が真理であると思い込んでいるがゆえに、寝食を忘れ、命をかけて、家族の救い、先祖の救い、そして地上天国を目指して頑張っているのです。まず救出する御家族はその点をしっかりと捉える必要があります。

救出において相対姿勢が確立するかしないかが、目覚めるか目覚めないかの最大の分岐点になることは決定的であるといえます。その相対姿勢を取らせるのは、説得するカウンセラーではありません。救出しようとしている御家族です。この点を勘違いすると、長期化して失敗という悲しい結果になりかねません。実際、全国で救出に失敗した例を調べると、ほとんどが相対姿勢の欠如が原因となっています。従って、救出しようとする御家族は、いかに子供に相対姿勢を取らせることのできる〝強い御家族〟になって対応するかが救いの鍵であるといえます。

では、その〝強い御家族〟になるにはどうしたらよいのでしょうか。

まず、統一協会は犯罪集団であり、我が子も犯罪を行っている、ということを認識することが第一です。そこに救出の動機を確立し、更に我が子が何を信じ、求めているかを知らなければなりません。そして、過去に我が子を救った御家族の教訓、元信者の貴重な体験を数多く学び、会得し、それを元に愛情・強さ・筋論等を身につけ、自分達自身の救出論をしっかりと樹立し、我が子の救出に立ち向かっていくことが、救いの源になります。これは過去の救出例を見ても明白です。

また、親子問題を抱えている場合は、包み隠さず説得者に告白し、その解消策を身につけなければなりません。これも相対姿勢を作る上で重要です。まさに救いは御家族がキーポイントを握っていると言っても過言ではありません。

我が子を保護して「カウンセラーにお願い」、方式の考え方は早めに捨てて下さい。そして御家族が救いの論理をしっかり身につけて、我が子に絶対的相対姿勢を取らせ、〝最後の部分〟の、マインドコントロールされた統一原理の間違いをカウンセラーに解いてもらう、〝家族主体の救出論〟を確実に身につけ、それを行使すべきです。

救いの論理を、以上、簡単に述べましたが、いうまでもなく立ち向かうのは御家族の皆様です。勇気を持って勉学に励み、会の指導者の貴重なアドバイスを会得して、御家族の悩みの日々からの解放と、滅びの道を歩む子供を救出するための救出論を確立するために頑張っていきましょう。

2　信者を救出するまで——勉強会の内容

マインドコントロールされた信者を救出するのは、簡単なことではありません。

以下、父母の会での勉強会の内容を簡単にご紹介しましょう。

(1)　悪の組織、統一協会を知る——なぜ、救出するのか？　動機が問題！

統一協会の信者になっていた！　と分かって、「どうしよう、困った」と思う人がほとんどだと思います。それは、

○世間で評判が悪いから。
○合同結婚式が嫌だから。
○何となく悪い団体だと思うから。等

という理由からでしょう。しかし、救出するには、それだけでは足りません。信者は命がけで信仰しているので、救う側も、命がけで向かっていかなければ救出できないからです。そのためには、統一協会の悪や、恐ろしさを徹底的に学んだ上で、しっかりとした動機の確立をしなければなりません。

(2) 信者を分析する——相手のことを知らなければ、救えない！

信者は、統一協会独自の思考回路になっています。その思考回路を知らなければ、信者が何を考えているのか、どういう行動を取ろうとしているのか、全く分りません。分らないために、救出においてマイナスのことをしてしまい、失敗する場合があります。成功するためには信者を知り尽くさなければなりません。

○どんな教えを信じているのか（神様・メシア・霊界・合同結婚式・罪・伝道・霊感商法など）。
○何を目的としているのか（統一協会の目的と信者の役割）。
○統一協会側の対策（信者が止めないように、協会が教えていること）。

○入った理由（予想）。　※本人に直接聞いては、いけません。

○その他

(3)　親子問題の解消

統一協会に入るほとんどの人が、親子問題・家庭問題を持っています。問題があったからこそ統一協会に入ってしまった、ともいえます。ですから、原因ともいえる、その問題を解消しなければ、救出はできません。

(4)　救出論を身につける

救出するために、家族には重要な役割があります。いくら優秀な説得者がいても、それだけでは救えません。家族は何をしたらいいのか、どんな役割があるのかを、しっかりと身につけて下さい。

(5)　本番を想定した勉強

基礎的なことが身についたら、次は、具体的に本番の準備をします。家族によって状況が違いますから、その家族に合わせて準備を進めていきます。

信者は狂っていません。救出論を身につければ、必ず救えます！　頑張りましょう‼

3　説得者としての所感　カウンセラー

私は救出に携わる者の一人として、統一協会に巧みにマインドコントロールされ、知らずして犯罪行為に加担し、滅びの道を歩む信者たちの救済を手助けし、悩みの日々を送るその御家族を解放することをその使命として、長年に亘って取り組んできました。しかし近年、極悪非道窮まりない協会幹部たちは、信者を一生奴隷として扱き使い、金を貪るためにありとあらゆる悪知恵を働かせて信者を深く呪縛し、悪魔の檻《オリ》に閉じ込めたままにしようとしています。

私たちはその悪魔の画策に惑わされることなく、知恵を用いてそれらを見破り、愛と勇気を持って立ち向い、真実を信者に示し、奴隷からの解放と真の自由を付与しなければなりません。本書の救出論がその一助となれば幸いです。

4　あとがき

原理運動被害者父母の会が発足してから早や三十年の月日が流れようとしています。この間本間前会長をはじめ多くの会員の尽力により、統一協会の撲滅運動を展開してきました（国会議員に統一協会の取り締まり強化を求める請願活動、宗教法人取り消しを求める署名活動と、東京都庁への請願、各地で開催される統一協会のイベントの中止運動等）。同時に被害者の救出活動も積極的に行ってまいりました。運動の総括は、二本の柱である予防と救出という観点から見ると、救出は一定の成果を上げてきましたが、予防に関しては一定の成果を上げてはきたものの、現状の活動が停滞していることは否めません。しかしこの悪魔の組織を野放しにして、指を食えて見ているよりは、反対運動を微力ながらでも展開することにより、日本で拡大することへのいくばくかのストッパーにはなったと確信しています。

私も統一協会に娘を奪われた父親として、当会に救出の依頼をし、会員皆様方の暖かい励ましと貴重な数々のアドバイスを頂き、娘を無事救出することに成功した一人です（過去に二度救出に失敗し、三度目で当会によって救われました）。私を始め家族全員は当会に心から感謝すると同時に、全国で子供を奪われて苦しんでいる多くの御家族を救ってあげたいという気持ちが強く湧いて来ました。そういう気持ちで当会のお手伝いをして来た次第です。そうする中、三年程前に本間会長引退にともない私が代表（この時より会長改め代表とした）を引き受けることになり、微力ながら頑張っているところです。この間数名の被害者の救出に携わり、無事全員救出に成功し、現在その被害者は、元気に社会復帰されて頑張っており、携わった一人として心から喜ばしく思っております。そしてその救出に成功した御家族が当会のお手伝いを自主的にしてくれており、感謝しております。その他過去に救出に成功した多くの会員が当会を支えてくれています。

私は今この本を読まれている方々は、子供を統一協会に奪われて苦しみの日々を送っておられる御家族、御親族であると推測致します。どうぞ勇気を持って当会の門を叩いて下さい。当会では被害者を抱えておられる御家族に統一協会の実態（教義・悪事等）を詳しく説明し、被害者がマインドコントロールされた結果、どのような思考・心理状態になっているのかを詳しく説明致します。そして被害者を救出するために家庭は何を成すべきかを、具体的に示して行きます。前述した通り、当会には救出を身を持って体験した会員（家族）が沢山おり、生の声を聞くことができます。

また今日までに数多くの被害者の救出に携わった経験を持つ、当会専属のカウンセラーもおりますので、〝救出の現場の話〟そして〝最新の救出論〟を学び、身につけて頂きたいと思います。どうぞ被害者の御家族の皆様、愛と勇気と知恵を持って被害者の救出に立ち向かって下さい。

全国原理運動被害者父母の会代表　笹森壮一郎

【相談窓口】

何とか救出したいけど、どうしたらいいのか分からない方。もっと詳しく話を聞きたい方は、左記の要領で連絡ください。こちらから今後の対応についてご指導致します。

全国に支部がありますが、最初はここ宛にお便り下さい。支部を紹介していきます。

左記の内容を電話及びインターネットのメールアドレス等でご連絡下さい。

○信者の名前、年齢、性別
○信者との関係
○いつ頃統一協会（現・世界平和統一家族連合）に入会したのか。
○現在、信者がいる場所と状況。

例——統一協会の宿泊所に泊まりこんでいて、家に帰ってこない。（宿泊場所が分かれば教えて下さい）。
海外に行っている（韓国、アメリカなど分かれば、国名を教えて下さい）。
自宅にいる。　結婚して韓国に行ってしまった。　行方不明、など。

○家族構成
○以前、救出を試みたことはありますか？（ある方は具体的に教えて下さい）、
○相談したいこと。

○相談者の名前、住所、電話番号。

相談先――全国原理運動被害者父母の会

【電話相談】

090−1300−2355（月・火・木・金曜日一三時〜一六時）

＊相談日は予告なく変更する場合がありますので、ご了承下さい。

【メール相談】

URL：http//tou-help.sakura.ne.jp/（または「統一協会信者の救出の会」と検索して下さい）

ホームページ内の問い合わせフォームよりご相談内容を送信願います。

なお、ご連絡下さる際に、相談者に特別な事情等がありましたら遠慮なく述べて下さい。

プライバシーは厳守しますのでご安心下さい。

○霊感商法の被害を受けている方は左記の所へご相談下さい。

連絡先――全国霊感商法対策弁護士連絡会

東京都新宿区新宿郵便局私書箱231号

URL: http://www.stopreikan.com/

被害相談 03-3358-6179（火・木曜日一一時〜一六時）

メール相談：reikan@ms7.mesh.ne.jp

☆「全国統一協会被害者家族の会」という団体でも相談活動をしていますが、私たち「父母の会」は「家族の会」とは別に、独自の活動を継続しています。

◎参考文献

『統一協会＝原理運動その見極めかたと対策』浅見定雄、日本基督教団出版局
『わたしは〝洗脳〟された』「赤旗」社会部、新日本出版社
『われら父親は闘う　娘・景子を誘い込んだ統一協会の正体』飯干晃一、ネスコ
『統一協会の素顔　その洗脳の実態と対策』川崎経子、教文館
『検証・統一協会　霊感商法の実態』山口広、緑風出版
『統一協会　マインドコントロールのすべて』郷路征記、教育史料出版会
『統一協会の策謀――文鮮明と勝共連合』成澤宗男、八月館
『マインドコントロールの恐怖』スティーブ・ハッサン／浅見定雄訳、恒友出版
『マインドコントロールとは何か』西田公昭、紀伊国屋書店
『マインドコントロールからの脱出　統一協会信者たちのこころ』パスカル・ズィヴィ、恒友出版
『親は何を知るべきか』マインドコントロール研究会、いのちのことば社
『マインドコントロールされていた私』南哲史、日本基督教団出版局
『「人を好きになってはいけない」といわれて』大沼安正、講談社
『統一協会信者を救え――杉本牧師の証言』杉本誠・名古屋「青春を返せ控訴」弁護団、緑風出版

統一協会（家庭連合）信者の救出
——マインドコントロールの実態と救出

2019年7月26日　初版発行

＊

編著者＊全国原理運動被害者父母の会 ©

装　丁＊狭山トオル

発行者＊鈴木　誠

発行所＊㈱れんが書房新社
〒193-0845　東京都八王子市初沢町 1227-4, A-1325
TEL03-6416-0011　FAX03-3461-7141　振替 00170-4-130349

印刷・製本＊モリモト印刷

ISBN978-4-8462-0425-9　C0030
＊本書は「統一協会信者の救出」（初版 2007.10）を改題・修正のうえ増刷新版したものです。